二十四史

卷二

[西汉]司马迁 著
李楠 编译

晋书

帝纪第一

宣帝

宣皇帝讳懿，字仲达，河内温县孝敬里人，姓司马氏。其先出自帝高阳之子重黎，为夏官祝融。历唐、虞、夏、商，世序其职。及周，以夏官为司马。其后程伯休父，周宣王时，以世官克平徐方，锡以官族，因而为氏。楚汉间，司马卬为赵将，与诸侯伐秦。秦亡，立为殷王，都河内。汉以其地为郡，子孙遂家焉。自卬八世，生征西将军钧，字叔平。钧生豫章太守量，字公度。量生颍川太守俊，字元异。俊生京兆尹防，字建公。帝即防之第二子也。少有奇节，聪明多大略，博学洽闻，伏膺儒教。汉末大乱，常慨然有忧天下心。南阳太守同郡杨俊名知人，见帝，未弱冠，以为非常之器。尚书清河崔琰与帝兄朗善，亦谓朗曰：『君弟聪亮明允，刚断英特，非子所及也。』

汉建安六年，郡举上计掾。魏武帝为司空，闻而辟之。帝知汉运方微，不欲屈节曹氏，辞以风痹，不能起居。魏武使人夜往密刺之，帝坚卧不动。及魏武为丞相，又辟为文学掾，敕行者曰：『若复盘桓，便收之。』帝惧而就职。于是使与太子游处，迁黄门侍郎，转议郎、丞相东曹属，寻转主簿。

从讨张鲁，言于魏武曰：『刘备以诈力虏刘璋，蜀人未附而远争江陵，此机不可失也。今若曜威汉中，益州震动，进兵临之，势必瓦解。因此之势，易为功力。圣人不能违时，亦不失时矣。』魏武曰：『人苦无足，即得陇右，复欲得蜀！』言竟不从。既而从讨孙权，破之。军还，权遣使乞降，上表称臣，陈说天命。魏武帝曰：『此儿欲踞吾著炉炭上邪！』答曰：『汉运垂终，殿下十分天下而有其九，以服事之。权之称臣，天人之意也。虞、夏、殷、周不以谦让者，畏天知命也。』

魏国既建，迁太子中庶子。每与大谋，辄有奇策，为太子所信重，与陈群、吴质、朱铄号曰四友。

迁为军司马，言于魏武曰：『昔箕子陈谋，以食为首。今天下不耕者盖二十余万，非经国远筹也。虽戎甲未卷，自宜且耕且守。』魏武纳之，于是务农积谷，国用丰赡。帝又言荆州刺史胡修粗暴，南乡太守傅方骄奢，并不可居边。魏武不之察。及蜀将关羽围曹仁于樊，于禁等七军皆没，修、方果降羽，而仁围甚急焉。

是时汉帝都许昌，魏武以为近贼，欲徙河北。帝谏曰：『禁等为水所没，非战守之所失，于国家大计未有所损，而便迁都，既示敌以弱，又淮沔之人大不安矣。孙权、刘备，外亲内疏，羽之得意，权所不愿也。可喻权所，令掎其后，则樊围自解。』魏武从之。权果遣将吕蒙西袭公安，拔之，羽遂为蒙所获。

魏武以荆州遗黎及屯田在颍川者逼近南寇，皆欲徙之。帝曰：『荆楚轻脱，易动难安。关羽新破，诸为恶者藏窜观望。今徙其善者，既伤其意，将令去者不敢复还。』从之。其后诸亡者悉复业。

及魏武薨于洛阳，朝野危惧。帝纲纪丧事，内外肃然。乃奉梓宫还邺。

魏文帝即位，封河津亭侯，转丞相长史。会孙权帅兵西过，朝议以樊、襄阳无谷，不可以御寇。时曹仁镇襄阳，请召仁还宛。帝曰：『孙权新破关羽，此其欲自结之时也，必不敢为患。襄阳水陆之冲，御寇要害，不可弃也。』言竟不从。仁遂焚弃二城，权果不为寇，魏文悔之。

及魏受汉禅，以帝为尚书。顷之，转督军、御史中丞，封安国乡侯。

黄初二年，督军官罢，迁侍中、尚书右仆射。

五年，天子南巡，观兵吴疆。帝留镇许昌，改封向乡侯，转抚军、假节，领兵五千，加给事中、录尚书事。帝固辞。天子曰：『吾于庶事，以夜继昼，无须臾宁息。此非以为荣，乃分忧耳。』

六年，天子复大兴舟师征吴，复命帝居守，内镇百姓，外供军资。临行，诏曰：『吾深以后事为念，故以委卿。曹参虽有战功，而萧何为重。使吾无西顾之忧，不亦可乎！』天子自广陵还洛阳，诏帝曰：『吾东，抚军当总西事；吾西，抚军当总东事。』于是帝留镇许昌。

及天子疾笃，帝与曹真、陈群等见于崇华殿之南堂，并受顾命辅政。诏太子曰：『有间此三公者，慎勿疑之。』

明帝即位，改封舞阳侯。

及孙权围江夏，遣其将诸葛瑾、张霸并攻襄阳，帝督诸军讨权，走之。进击，败瑾，斩霸，并首级千余。迁骠骑将军。

太和元年六月，天子诏帝屯于宛，加督荆、豫二州诸军事。

初，蜀将孟达之降也，魏朝遇之甚厚。帝以达言行倾巧不可任，骤谏不见听，乃以达领新城太守，封侯，假节。达于是连吴固蜀，潜图中国。蜀相诸葛亮恶其反覆，又虑其为患。达与魏兴太守申仪有隙，亮欲促其事，乃遣郭模诈降，过仪，因漏泄其谋。达闻其谋漏泄，将举兵。帝恐达速发，以书喻之曰：『将军昔弃刘备，托身国家，国家委将军以疆埸之任，任将军以图蜀之事，可谓心贯白日。蜀人愚智，莫不切齿于将军。诸葛亮欲相破，惟苦无路耳。模之所言，非小事也，亮岂轻之而令宣露，此殆易知耳。』达得书大喜，犹与不决。帝乃潜军进讨。诸将言达与二贼交构，宜观望而后动。帝曰：『达无信义，此其相疑之时也，当及其未定促决之。』乃倍道兼行，八日到其城下。吴蜀各遣其将向西城安桥、木阑塞以救达，帝分诸将以距之。

初，达与亮书曰：『宛去洛八百里，去吾一千二百里，闻吾举事，当表上天子，比相反覆，一月间也，则吾城已固，诸军足办。则吾所在深险，司马公必不自来；诸将来，吾无患矣。』及兵到，达又告亮曰：『吾举事八日，而兵至城下，何其神速也！』上庸城三面阻水，达于城外为木栅以自固。帝渡水，破其栅，直造城下。八道攻之，旬有六日，达甥邓贤、将李辅等开门出降。斩达，传首京师。俘获万余人，振旅还于宛。乃劝农桑，禁浮费，南土悦附焉。

初，申仪久在魏兴，专威疆埸，辄承制刻印，多所假授。达既诛，有自疑心。时诸郡守以帝新克捷，奉礼求贺，皆听之。帝使人讽仪，仪至，问承制状，执之，归于京师。又徙孟达余众七千余家于幽州。蜀将姚静、郑他等帅其属七千余人来降。

时边郡新附，多无户名，魏朝欲加隐实。属帝朝于京师，天子访之于帝。帝对曰：『贼以密网束下，故下弃之。宜弘以大纲，则自然安乐。』又问二虏宜讨，何者为先？对曰：『吴以中国不习水战，故敢散居东关。凡攻敌，必扼其喉而揕其心。夏口、东关，贼之心喉。若为陆军以向皖城，引权东下，为水战军向夏口，乘其虚而击之，此神兵从天而堕，破之必矣。』天子并然之，复命帝屯于宛。

四年，迁大将军，加大都督、假黄钺，与曹真伐蜀。帝自西城斫山开道，水陆并进，泝沔而上，至于朐䏰，拔其新丰县。军次丹口，遇雨，班师。

明年，诸葛亮寇天水，围将军贾嗣、魏平于祁山。天子曰：『西方有事，非君莫可付者。』乃使帝西屯长安，都督雍、梁二州诸军事，统车骑将军张郃、后将军费曜、征蜀护军戴凌、雍州刺史郭淮等讨亮。张郃劝帝分军住雍、郿为后镇，帝曰：『料前军独能当之者，将军言是也。若不能当，而分为前后，此楚之三军所以为黥布禽也。』遂进军隃麋。亮闻大军且至，乃自帅众将芟上邽之麦。诸将皆惧，帝曰：『亮虑多决少，必安营自固，然后芟麦，吾得二日兼行足矣。』于是卷甲晨夜赴之，亮望尘而遁。帝曰：『吾倍道疲劳，此晓兵者之所贪也。亮不敢据渭水，此易与耳。』进次汉阳，与亮相遇，帝列阵以待之。使将牛金轻骑饵之，兵才接而亮退，追至祁山。亮屯卤城，据南北二山，断水为重围。帝攻拔其围，亮宵遁，追击破之，俘斩万计。天子使使者劳军，增封邑。

时军师杜袭、督军薛悌皆言明年麦熟，亮必为寇，陇右无谷，宜及冬豫运。帝曰：『亮再出祁山，一攻陈仓，挫衄而反。纵其后出，不复攻城，当求野战，必在陇东，不在西也。亮每以粮少为恨，归必积谷，以吾料之，非三稔不能动矣。』于是表徙冀州农夫佃上邽，兴京兆、天水、南安监冶。

青龙元年，穿成国渠，筑临晋陂，溉田数千顷，国以充实焉。

二年，亮又率众十余万出斜谷，垒于郿之渭水南原。天子忧之，遣征蜀护军秦朗督步骑二万，受帝节度。诸将欲往渭北以待之，帝曰：『百姓积聚皆在渭南，此必争之地也。』遂引军而济，背水为垒。因谓诸将曰：『亮若勇者，当出武功，依山而东。若西上五丈原，则诸军无事矣。』亮果上原，将北渡渭，帝遣将军周当屯阳遂以饵之。数日，亮不动。帝曰：『亮欲争原而不向阳遂，此意可知也。』遣将军胡遵、雍州刺史郭淮共备阳遂，与亮会于积石。临原而战，亮不得进，还于五丈原。会有长星坠亮之垒，帝知其必败，遣奇兵掎亮之后，斩五百余级，获生口千余，降者六百余人。

时朝廷以亮侨军远寇，利在急战，每命帝持重，以候其变。亮数挑战，帝不出，因遗帝巾帼妇人之饰。帝怒，表请决战，天子不许，乃遣骨鲠臣卫尉辛毗杖节为军师以制之。后亮复来挑战，帝将出兵以应之，毗杖节立军门，帝乃止。初，蜀将姜维闻毗来，谓亮曰：『辛毗杖节而至，贼不复出矣。』亮曰：『彼本无战心，所以固请者，以示武于其众耳。将在军，君命有所不受，苟能制吾，岂千里而请战邪！』

帝弟孚书问军事，帝复书曰：『亮志大而不见机，多谋而少决，好兵而无权，虽提卒十万，已堕吾画中，破之必矣。』与之对垒百余日，会亮病卒，诸将烧营遁走，百姓奔告，帝出兵追之。亮长史杨仪反旗鸣鼓，若将距帝者。帝以穷寇不之逼，于是杨仪结阵而去。经日，乃行其营垒，观其遗事，获其图书、粮谷甚众。帝审其必死，曰：『天下奇才也。』辛毗以为尚未可知。帝曰：『军家所重，军书密计、兵马粮谷，今皆弃之，岂有人捐其五藏而可以生乎？宜急追之。』关中多蒺藜，帝使军士二千人著软材平底木屐前行，蒺藜悉著屐，然后马步俱进。追到赤岸，乃知亮死审问。时百姓为之谚曰：『死诸葛走生仲达。』帝闻而笑曰：『吾便料生，不便料死故也。』

先是，亮使至，帝问曰：『诸葛公起居何如，食可几米？』对曰：『三四升。』次问政事，曰：『二十罚已上皆自省览。』帝既而告人曰：『诸葛孔明其能久乎！』竟如其言。亮部将杨仪、魏延争权，仪斩延，并其众。帝欲乘隙而进，有诏不许。

三年，迁太尉，累增封邑。蜀将马岱入寇，帝遣将军牛金击走之，斩千余级。

武都氐王苻双、强端帅其属六千余人来降。

关东饥，帝运长安粟五百万斛输于京师。

四年，获白鹿，献之。天子曰：『昔周公旦辅成王，有素雉之贡。今君受陕西之任，有白鹿之献，岂非忠诚协符，千载同契，俾乂邦家，以永厥休邪！』

及辽东太守公孙文懿反，征帝诣京师。天子曰：『此不足以劳君，事欲必克，故以相烦耳。君度其作何计？对曰：『弃城预走，上计也。据辽水以距大军，次计也。坐守襄平，此成擒耳。』天子曰：『其计将安出？』对曰：『惟明者能深度彼己，豫有所弃，此非其所及也。今悬军远征，将谓不能持久，必先距辽水而后守，此中下计也。』天子曰：『往还几时？』对曰：『往百日，还百日，攻百日，以六十日为休息，一年足矣。』

是时大修宫室，加之以军旅，百姓饥弊。帝将即戎，乃谏曰：『昔周公营洛邑，萧何造未央，今宫室未备，臣之责也。然自河以北，百姓困穷，外内有役，势不并兴，宜假绝内务，以救时急。』

景初二年，帅牛金、胡遵等步骑四万，发自京都。车驾送出西明门，诏弟孚、子师送过温，赐以谷帛牛酒，敕郡守典农以下皆往会焉。见父老故旧，宴饮累日。帝叹息，怅然有感，为歌曰：『天地开辟，日月重光。遭遇际会，毕力遐方。将扫群秽，还过故乡。肃清万里，总齐八荒。告成归老，待罪舞阳。』遂进师，经孤竹，越碣石，次于辽隧。文懿果遣步骑数万，阻辽隧，坚壁而守，南北六七十里，以距帝。帝盛兵多张旗帜出其南，贼尽锐赴之。乃泛舟潜济以出其北，与贼营相逼，沈舟焚梁，傍辽水作长围，弃贼而向襄平。诸将言曰：『不攻贼而作围，非所以示众也。』帝曰：『贼坚营高垒，欲以老吾兵也。攻之，正入其计，此王邑所以耻过昆阳也。古人曰，敌虽高垒，不得不与我战者，攻其所必救也。贼大众在此，则巢窟虚矣。我直指襄平，则人怀内惧，惧而求战，破之必矣。』遂整阵而过。贼见兵出其后，果邀之。帝谓诸将曰：『所以不攻其营，正欲致此，不可失也。』乃纵兵逆击，大破之，三战皆捷。贼保襄平，进军围之。

初，文懿闻魏师之出也，请救于孙权。权亦出兵遥为之声援，遗文懿书曰：『司马公善用兵，变化若神，所向无前，深为弟忧之。』

会霖潦，大水平地数尺，三军恐，欲移营。帝令军中敢有言徙者斩。都督令史张静犯令，斩之，军中乃定。贼恃水，樵牧自若。诸将欲取之，皆不听。司马陈珪曰：『昔攻上庸，八部并进，昼夜不息，故能一旬之半，拔坚城，斩孟达。今者远来而更安缓，愚窃惑焉。』帝曰：『孟达众少而食支一年，吾将士四倍于达而粮不淹月，以一月图一年，安可不速？以四击一，正令半解，犹当为之。是以不计死伤，与粮竞也。今贼众我寡，贼饥我饱，水雨乃尔，功力不设，虽当促之，亦何所为。自发京师，不忧贼攻，但恐贼走。今贼粮垂尽，而围落未合，掠其牛马，抄其樵采，此故驱之走也。夫兵者诡道，善因事变。贼凭众恃雨，故虽饥困，未肯束手，当示无能以安之。取小利以惊之，非计也。』朝廷闻师遇雨，咸请召还。天子曰：『司马公临危制变，计日擒之矣。』既而雨止，遂合围。起土山地道，楯橹钩橦，发矢石雨下，昼夜攻之。

时有长星，色白，有芒鬣，自襄平城西南流于东北，坠于梁水，城中震慑。文懿大惧，乃使其所署相国王建、御史大夫柳甫乞降，请解围面缚。不许，执建等，皆斩之。檄告文懿曰：『昔楚郑列国，而郑伯犹肉袒牵羊而迎之。孤为王人，位则上公，而建等欲孤解围退舍，岂楚郑之谓邪！二人老耄，必传言失旨，已相为斩之。若意有未已，可更遣年少有明决者来。』文懿复遣侍中卫演乞克日送任。帝谓演曰：『军事大要有五，能战当战，不能战当守，不能守当走，余二事唯有降与死耳。汝不肯面缚，此为决就死也，不须送任。』文懿攻南围突出，帝纵兵击败之，斩于梁水之上星坠之所。既入城，立两标以别新旧焉。男子年十五已上七千余人皆杀之，以为京观。伪公卿已下皆伏诛，戮其将军毕盛等二千余人。收户四万，口三十余万。

初，文懿篡其叔父恭位而囚之。及将反，将军纶直、贾范等苦谏，文懿皆杀之。帝乃释恭之囚，封直等之墓，显其遗嗣。令曰：『古之伐国，诛其鲸鲵而已，诸为文懿所诖误者，皆原之。中国人欲还旧乡，恣听之。』

时有兵士寒冻，乞襦，帝弗之与。或曰：『幸多故襦，可以赐之。』帝曰：『襦者官物，人臣无私施也。』乃秦军人年六十以上者罢遣千余人，将吏从军死亡者致丧还家。遂班师。天子遣使者劳军于蓟，增封食昆阳，并前二县。

初，帝至襄平，梦天子枕其膝，曰：『视吾面。』俛视有异于常，心恶之。先是，诏帝便道镇关中；及次白屋，有诏召帝，三日之间，诏书五至。手诏曰：『间侧息望到，到便直排阁入，视吾面。』帝大遽，乃乘追锋车昼夜兼行，自白屋四百余里，一宿而至。引入嘉福殿卧内，升御床。帝流涕问疾，天子执帝手，目齐王曰：『以后事相托。死乃复可忍，吾忍死待君，得相见，无所复恨矣。』与大将军曹爽并受遗诏辅少主。

及齐王即帝位，迁侍中、持节、都督中外诸军、录尚书事，与爽各统兵三千人，共执朝政，更直殿中，乘舆入殿。爽欲使尚书奏事先由己，乃言于天子，徙帝为大司马。朝议以为前后大司马累薨于位，乃以帝为太傅，入殿不趋，赞拜不名，剑履上殿，如汉萧何故事。嫁娶丧葬取给于官，以世子师为散骑常侍，子弟三人为列侯，四人为骑都尉。帝固让子弟官不受。

正始元年春正月，东倭重译纳贡，焉耆、危须诸国，弱水以南，鲜卑名王，皆遣使来献。天子归美宰辅，又增帝封邑。

初，魏明帝好修宫室，制度靡丽，百姓苦之。帝自辽东还，役者犹万余人，雕玩之物动以千计。至是皆奏罢之，节用务农，天下欣赖焉。

二年夏五月，吴将全琮寇芍陂，朱然、孙伦围樊城，诸葛瑾、步骘掠柤中，帝请自讨之。议者咸言，贼远来围樊，不可卒拔。挫于坚城之下，有自破之势，宜长策以御之。帝曰：『边城受敌而安坐庙堂，疆场骚动，众心疑惑，是社稷之大忧也。』

六月，乃督诸军南征，车驾送出津阳门。帝以南方暑湿，不宜持久，使轻骑挑之，然不敢动。于是休战士，简精锐，募先登，申号令，示必攻之势。吴军夜遁走，追至三州口，斩获万余人，收其舟船军资而还。天子遣侍中常侍劳军于宛。

秋七月，增封食郾、临颍，并前四县，邑万户，子弟十一人皆为列侯。帝勋德日盛，而谦恭愈甚。以太常常林乡邑旧齿，见之每拜。恒戒子弟曰：『盛满者道家之所忌，四时犹有推移，吾何德以堪之。损之又损之，庶可以免乎！』

三年春，天子追封谥皇考京兆尹为舞阳成侯。

三月，奏穿广漕渠，引河入汴，溉东南诸陂，始大佃于淮北。

先是，吴遣将诸葛恪屯皖，边鄙苦之，帝欲自击恪。议者多以贼据坚城，积谷，欲引致官兵。今悬军远攻，其救必至，进退不易，未见其便。帝曰：『贼之所长者水也，今攻其城，以观其变。若用其所表，弃城奔走，此为庙胜也。若敢固守，湖水冬浅，船不得行，势必弃水相救，由其所短，亦吾利也。』

四年秋九月，帝督诸军击诸葛恪，车驾送出津阳门。军次于舒，恪焚烧积聚，弃城而遁。

帝以灭贼之要，在于积谷，乃大兴屯守，广开淮阳、百尺二渠，又修诸陂于颍之南北，万余顷。自是淮北仓庾相望，寿阳至于京师，农官屯兵连属焉。

五年春正月，帝至自淮南，天子使持节劳军。

尚书邓飏、李胜等欲令曹爽建立功名，劝使伐蜀。帝止之，不可，爽果无功而还。

六年秋八月，曹爽毁中垒中坚营，以兵属其弟中领军羲。帝以先帝旧制禁之，不可。

冬十二月，天子诏帝朝会乘舆升殿。

七年春正月，吴寇柤中，夷夏万余家避寇北渡沔。帝以沔南近贼，若百姓奔还，必复致寇，宜权留之。曹爽曰：『今不能修守沔南而留百姓，非长策也。』帝曰：『不然。凡物致之安地则安，危地则危。故兵书曰「成败，形也；安危，势也」。形势，御众之要，不可以不审。设令贼以二万人断沔水，三万人与沔南诸军相持，万人陆梁柤中，将何以救之？』爽不从，卒令还南。贼果袭破柤中，所失万计。

八年夏四月，夫人张氏薨。

曹爽用何晏、邓飏、丁谧之谋，迁太后于永宁宫，专擅朝政，兄弟并典禁兵，多树亲党，屡改制度。帝不能禁，于是与爽有隙。

五月，帝称疾不与政事。时人为之谣曰：『何、邓、丁，乱京城。』

九年春三月，黄门张当私出掖庭才人石英等十一人，与曹爽为伎人。爽、晏谓帝疾笃，遂有无君之心，与当密谋，图危社稷，期有日矣。帝亦潜为之备，爽之徒属亦颇疑帝。会河南尹李胜将莅荆州，来候帝。帝诈疾笃，使两婢侍，持衣衣落，指口言渴，婢进粥，帝不持杯饮，粥皆流出沾胸。胜曰：『众情谓明公旧风发动，何意尊体乃尔！』帝使声气才属，说『年老枕疾，死在旦夕。君当屈并州，并州近胡，善为之备。恐不复相见，以子师、昭兄弟为托』。胜曰：『当还忝本州，非并州。』帝乃错乱其辞曰：『君方到并州。』胜复曰：『当忝荆州。』帝曰：『年老意荒，不解君言。今还为本州，盛德壮烈，好建功勋！』胜退告爽曰：『司马公尸居余气，形神已离，不足虑矣。』他日，又言曰：『太傅不可复济，令人怆然。』故爽等不复设备。

嘉平元年春正月甲午，天子谒高平陵，爽兄弟皆从。是日，太白袭月。帝于是奏永宁太后废爽兄弟。时景帝为中护军，将兵屯司马门。帝列阵阙下，经爽门。爽帐下督严世上楼，引弩将射帝，孙谦止之曰：『事未可知。』三注三止，皆引其肘不得发。大司农桓范出赴爽，蒋济言于帝曰：『智囊往矣。』帝曰：『爽与范内疏而智不及，驽马恋栈豆，必不能用也。』于是假司徒高柔节，行大将军事，领爽营，谓柔曰：『君为周勃矣。』命太仆王观行中领军，摄羲营。帝亲帅太尉蒋济等勒兵出迎天子，屯于洛水浮桥，上奏曰：『先帝诏陛下、秦王及臣升于御床，握臣臂曰「深以后事为念」。今大将军爽背弃顾命，败乱国典，内则僭拟，外专威权。群官要职，皆置所亲；宿卫旧人，并见斥黜。根据槃互，纵恣日甚。又以黄门张当为都监，专共交关，伺候神器。天下汹汹，人怀危惧。陛下便为寄坐，岂得久安？此非先帝诏陛下及臣升御床之本意也。臣虽朽迈，敢忘前言。昔赵高极意，秦是以亡；吕霍早断，汉祚永延。此乃陛下之殷鉴，臣授命之秋也。公卿群臣皆以爽有无君之心，兄弟不宜典兵宿卫，奏皇太后，皇太后敕如奏施行。臣辄敕主者及黄门令罢爽、羲、训吏兵，各以本官侯就第。若稽留车驾，以军法从事。臣辄力疾将兵诣洛水浮桥，伺察非常。』爽不通奏，留车驾宿伊水南，伐树为鹿角，发屯兵数千人以守。桓范果劝爽奉天子幸许昌，移檄征天下兵。爽不能用，而夜遣侍中许允、尚书陈泰诣帝，观望风旨。帝数其过失，事止免官。泰还以报爽，劝之通奏。帝又遣爽所信殿中校尉尹大目谕爽，指洛水为誓，爽意信之。桓范等援引古今，谏说万端。终不能从，乃曰：『司马公正当欲夺吾权耳。吾得以侯还第，不失为富家翁。』范拊膺曰：『坐卿，灭吾族矣！』遂通帝奏。既而有司劾黄门张当，并发爽与何晏等反事，乃收爽兄弟及其党与何晏、丁谧、邓飏、毕轨、李胜、桓范等诛之。蒋济曰：『曹真之勋，不可以不祀。』帝不听。

初，爽司马鲁芝、主簿杨综斩关奔爽。及爽之将归罪也，芝、综泣谏曰：『公居伊周之任，挟天子，杖天威，孰敢不从？舍此而欲就东市，岂不痛哉！』有司奏收芝、综科罪，帝赦之，曰：『以劝事君者。』

二月，天子以帝为丞相，增封颍川之繁昌、鄢陵、新汲、父城，并前八县，邑二万户，奏事不名。固让丞相。

冬十二月，加九锡之礼，朝会不拜。固让九锡。

二年春正月，天子命帝立庙于洛阳，置左右长史，增掾属、舍人满十人，岁举掾属任御史、秀才各一人，增官骑百人，鼓吹十四人，封子肜平乐亭侯，伦安乐亭侯。帝以久疾不任朝请，每有大事，天子亲幸第以谘访焉。

兖州刺史令狐愚、太尉王淩贰于帝，谋立楚王彪。

三年春正月，王凌诈言吴人塞涂水，请发兵以讨之。帝潜知其计，不听。

夏四月，帝自帅中军，泛舟沿流，九日而到甘城。凌计无所出，乃迎于武丘，面缚水次，曰：『凌若有罪，公当折简召凌，何苦自来邪！』帝曰：『以君非折简之客故耳。』即以凌归于京师。道经贾逵庙，凌呼曰：『贾梁道！王凌是大魏之忠臣，惟尔有神知之。』至项，仰鸩而死。收其余党，皆夷三族，并杀彪。悉录魏诸王公置于邺，命有司监察，不得交关。

天子遣侍中韦诞持节劳军于五池。帝至自甘城，天子又使兼大鸿胪、太仆庾嶷持节，策命帝为相国，封安平郡公，孙及兄子各一人为列侯，前后食邑五万户，侯者十九人。固让相国、郡公不受。

六月，帝寝疾，梦贾逵、王凌为祟，甚恶之。秋八月戊寅，崩于京师，时年七十三。天子素服临吊，丧葬威仪依汉霍光故事，追赠相国、郡公。弟孚表陈先志，辞郡公及辒辌车。

九月庚申，葬于河阴，谥曰文，后改谥宣文。先是，预作终制，于首阳山为土藏，不坟不树；作《顾命》三篇，敛以时服，不设明器，后终者不得合葬。一如遗命。晋国初建，追尊曰宣王。武帝受禅，上尊号曰宣皇帝，陵曰高原，庙称高祖。

帝内忌而外宽，猜忌多权变。魏武察帝有雄豪志，闻有狼顾相，欲验之。乃召使前行，令反顾，面正向后而身不动。又尝梦三马同食一槽，甚恶焉。因谓太子丕曰：『司马懿非人臣也，必预汝家事。』太子素与帝善，每相全佑，故免。帝于是勤于吏职，夜以忘寝，至于刍牧之间，悉皆临履，由是魏武意遂安。及平公孙文懿，大行杀戮。诛曹爽之际，支党皆夷及三族，男女无少长，姑姊妹女子之适人者皆杀之，既而竟迁魏鼎云。

明帝时，王导侍坐。帝问前世所以得天下，导乃陈帝创业之始，及文帝末高贵乡公事。明帝以面覆床曰：『若如公言，晋祚复安得长远！』迹其猜忍，盖有符于狼顾也。

制曰：夫天地之大，黎元为本；邦国之贵，元首为先。治乱无常，兴亡有运。是故五帝之上，居万乘以为忧；三王已来，处其忧而为乐。竞智力，争利害，大小相吞，强弱相袭。逮乎魏室，三方鼎峙，干戈不息，氛雾交飞。宣皇以天挺之姿，应期佐命，文以缵治，武以棱威。用人如在己，求贤若不及；情深阻而莫测，性宽绰而能容。和光同尘，与时舒卷，戢鳞潜翼，思属风云。饰忠于已诈之心，延安于将危之命。观其雄略内断，英猷外决，殄公孙于百日，擒孟达于盈旬，自以兵动若神，谋无再计矣。既而拥众西举，与诸葛相持。抑其甲兵，本无斗志，遗其巾帼，方发愤心。杖节当门，雄图顿屈，请战千里，诈欲示威。且秦蜀之人，勇懦非敌，夷险之路，劳逸不同，以此争功，其利可见。而返闭军固垒，莫敢争锋，生怯实而未前，死疑虚而犹遁，良将之道，失在斯乎！文帝之世，辅翼权重，许昌同萧何之委，崇华甚霍光之寄。当谓竭诚尽节，伊傅可齐。及明帝将终，栋梁是属，受遗二主，佐命三朝，既承忍死之托，曾无殉生之报。天子在外，内起甲兵，陵土未乾，遽相诛戮，贞臣之体，宁若此乎！尽善之方，以斯为惑。夫征讨之策，岂东智而西愚？辅佐之心，何前忠则后乱？故晋明掩面，耻欺伪以成功；石勒肆言，笑奸回以定业。古人有云，『积善三年，知之者少；为恶一日，闻于天下』，可不谓然乎！虽自隐过当年，而终见嗤后代。亦犹窃钟掩耳，以众人为不闻；锐意盗金，谓市中为莫睹。故知贪于近者则遗远，溺于利者则伤名；若不损己以益人，则当祸人而福己。顺理而举易为力，背时而动难为功。况以未成之晋基，逼有余之魏祚？虽复道格区宇，德被苍生，而天未启时，宝位犹阻，非可以智竞，不可以力争，虽则庆流后昆，而身终于北面矣。

【译文】

宣皇帝，名懿，字仲达，是河内郡温县孝敬里人，姓司马。司马氏的始祖系出自帝高阳之子重黎，任夏官祝融，历经唐尧、虞舜、夏朝、商朝，世代为夏官祝融。到周朝，改夏官为司马。其后代程伯休父，在周宣王时以世袭司马之职平定了徐方，周天子赐他以官为氏，因此以司马为姓氏。楚汉争雄之时，司马卬为赵国将领，同各路诸侯攻伐秦国。秦亡以后，司马卬被立为殷王，国都在河内。汉代改殷国为河内郡，司马卬的子孙就定居在河内郡。司马卬的八代孙，其子为司马钧，字叔平。司马钧生豫章太守司马量，字公度。司马量生颍川太守司马俊，字元异。司马俊生京兆尹司马防，字建公。宣帝司马懿即司马防的二儿子。司马懿小时候即聪明有才略，博学多闻，笃信儒家学说。东汉末年，天下大乱，司马懿即怀有以天下为己任之志。他的同乡南阳太守杨俊，善于鉴别人才，他看到未满二十岁的司马懿，便认为是非常的人才。尚书清河人崔琰与司马懿的哥哥司马朗是好朋友，崔琰对司马朗说：『你的弟弟聪明通达，决断而英明，非你所能及。』

东汉献帝建安六年，各郡官员向朝廷汇报本地人才、钱粮等事。当时魏武曹操任司空，得知司马懿是个人才，便荐举他任官。司马懿清楚汉政权即将终结，不愿意屈己侍奉曹氏，便以患中风，不能起居来推辞。曹操派人夜里往司马懿的住处刺探他的动静，司马懿坚持卧床不起。曹操升为汉丞相，又任司马懿为文学掾，曹操派人去征召司马懿，对派去的官员说：『司马懿如果再装病不起，就把他抓起来。』司马懿怕被抓，不得已就职。于是派他陪伴汉献帝的太子。后来升为黄门侍郎，转升议郎、丞相东曹的属官，不久又转升为主簿。

跟随曹操讨伐张鲁，司马懿为曹操献计说：『刘备用诈力虏获刘璋，四川人还未归服，便远道去争江陵，这是我们进攻四川的大好时机，机不可失。如果我方陈兵扬威于汉中，益州必然震惊，再进兵逼近，蜀国势力必然瓦解。利用这样的形势，很容易成功。圣人也不能违背时机，但圣人的高明在于不失时机。』曹操说：『人就怕贪得无厌，既得到陇右，又想得到巴蜀！』不用司马懿的计策。后来又跟随曹操征伐孙权，大破孙权军。曹操班师，孙权派遣使者乞求投降，上表向曹操称臣，并说天命该曹操当皇帝。曹操说道：『孙权这小子想把我放在炭火炉上吗！』使者回答说：『汉朝的命运将终结，殿下您拥有天下的十分之九，所以向您称臣。孙权对您臣服，是顺天遂人。虞、夏、商、周之所以不谦让而取得政权，是怕违背上天的意志。』

汉献帝封曹操为魏王，建立魏国，司马懿升为太子中庶子。每有朝廷大事，司马懿都参与其事，往往有奇策妙计，因此被太子信任倚重，他与陈群、吴质、朱铄，号称『四友』。

司马懿又升为军司马，他向曹操献策说：『古代箕子向周武王陈献九策，以粮食为第一要义。现在天下士兵不耕而食者将近二十余万人，这不是治理国家的长久之计。现在虽然兵事不断，应令士兵边屯种边守戍。』曹操采纳了他的建议，于是士兵务农，积蓄粮食，国家的经费也富裕了。司马懿又反映，荆州刺史胡修为政粗暴，南乡太守傅方骄奢淫逸，都不应在边地为官。对司马懿的意见，曹操没有理睬。后来蜀将关羽把曹仁围困在樊城，于禁等七军覆没，胡修、傅方果然投降了关羽，曹仁被围困，形势更为危急。

这时汉献帝以许昌为国都，曹操认为许昌太接近敌境，想迁都黄河以北。司马懿劝阻说：『于禁等军是被大水淹没，并不是在战守之策上有什么失计，况且对国家大计也没有什么影响，如果轻易迁都，不但在敌人面前显示软弱，而且淮河、沔水一带的百姓，也会出现人心不安的局面。刘备和孙权，表面亲近，内心疏远，关羽战胜，并非孙权的心愿。我方可以暗示孙权一方，让他们在关羽后面加以牵制，那么樊城的围困自然解除。』曹操采纳了他的意见。孙权果然派将军吕蒙向西袭击公安，攻下县城，于是关羽被吕蒙擒获。

曹操以为，荆州遗民以及士兵屯田于颍川者，与南方的敌人相距太近，打算全部迁走。司马懿建议说：『荆楚这地方很不安稳，容易动乱，很难安宁。关羽最近被打败，那些在地方上为非作歹的家伙藏匿起来，伺机而动。现在如果把善良百姓迁往他处，既违背他们的意愿，又将使逃亡他乡的人不敢回乡。』曹操听从了他的意见。后来逃亡在外的人都陆续回乡成家立业。

曹操病死于洛阳，朝廷内外都满怀危惧。司马懿一手经营丧事，朝野安然无事。于是把曹操的灵柩送还邺城安葬。

魏文帝曹丕即魏王位，司马懿被封为河津亭侯，转升丞相长史。当孙权率兵西进的时候，朝中大臣以为樊城、襄阳没有粮食，不可在此抵抗。当时曹仁镇守襄阳，大臣请把曹仁调往宛城。司马懿力排众议，说道：『孙权刚刚打败关羽，这时正是他结好邻邦的时候，必不敢这时来挑衅。襄阳居水陆要冲，是御敌的战略要地，不能放弃。』他的建议竟不被采纳。于是曹仁一把火烧掉樊、襄二城，丢弃而去。正如司马懿所料，孙权果然没来挑衅，曹丕后悔当初没有采纳司马懿的建议。

曹魏代汉，任司马懿为尚书。过了不久，转升为督军、御史中丞，封为安国乡侯。

魏文帝黄初二年，罢去督军官，司马懿升为侍中、尚书右仆射。

黄初五年，魏文帝到南方巡视，考察魏、吴交界处的军事形势。司马懿留守，坐镇许昌，改封他为向乡侯，转升抚军、假节，领兵五千，并加给事中、录尚书事官衔。司马懿坚持推辞，魏文帝对他说：『我应付各种事务，夜以继日，没有一刻安静。给你升官，并不只是荣耀，而是让你分担我的忧劳罢了。』

黄初六年，魏文帝大量调动水军征伐吴国，又让司马懿留守，对内镇压百姓，对外供应军需物资。魏文帝临行时，命令他：『我深为后方供给之事而忧虑，所以才让你担当留守之任。楚汉相争之时，曹参虽然有战功，但终以在后方供应军需的萧何为第一功。这样，使我免后顾之忧，不是很好吗！』魏文帝自广陵回到洛阳，对司马懿说：『如果我东征，抚军你总管西方的事务；如我西伐，抚军你总管东方的事务。』于是司马懿仍留守许昌。

魏文帝病重，司马懿和曹真、陈群等人在崇华殿的南堂觐见魏文帝，他们受遗命辅佐太子，处理政务。魏文帝对太子说：『如果有人离间这三位老臣，切不要生疑心。』魏明帝即皇帝位，改封司马懿为舞阳侯。

孙权围困江夏的时候，同时派大将诸葛瑾、张霸进攻襄阳。司马懿统率各路军马征讨孙权，把吴军击退。乘胜追击，大败诸葛瑾，杀掉张霸，并获首级千余颗。司马懿升为骠骑将军。

魏明帝太和元年六月，明帝命司马懿屯兵于宛城，加官都督荆、豫二州诸军事。

当初蜀将孟达投降魏国的时候，魏国待他很厚。司马懿认为孟达言行诡诈不可信任，向皇帝建议，也不被采纳，于是任孟达为新城太守，并封侯假节。孟达便乘机联络吴国并向蜀国表示誓死为蜀臣，来谋图魏国。蜀国丞相诸葛亮讨厌他反反复复，又担心他捣乱。孟达与魏国的魏兴太守申仪有矛盾，诸葛亮想把孟达的阴谋揭发出来，便派郭模诈降魏国，郭模在和申仪的过从中，把孟达的阴谋泄露出来。孟达听到他的阴谋泄露，就要举兵反叛。司马懿担心孟达快速起事，便写信给孟达说：『将军你以前背弃刘备，托身魏国，魏国委任你为边疆大吏，让你谋图蜀国，对你可说是坦诚之至。因此，蜀国的上上下下，不管是愚人还是智者，都对你恨得咬牙切齿。诸葛亮想搞掉你，只是他没有办法。郭模所透露出的事情，那是军机大事，诸葛亮岂肯轻易让他泄露出来？这是很清楚的事。』孟达接到书信，非常高兴，举兵不举兵，又犹豫不决了。司马懿乘机悄悄发兵进讨。魏国诸将说：『孟达和蜀、吴二国勾结，应观察二国的动静，然后发兵。』司马懿说：『孟达这个人无信无义，这时正是他们之间互相猜疑的时候，应该在他们还没有拿定主意时搞掉他！』于是兼程前进，只用了八天就到新城城下。这时吴国和蜀国各自派兵向西城安桥、木阑塞，来援救孟达，司马懿则分派诸将阻挡蜀、吴援军。

在此之前，孟达给诸葛亮写信说：『宛城距洛阳八百里，距我守的新城则一千二百里，魏国得知我起兵，必然向魏国皇帝汇报，这样书信往还，要用一个月时间。在此期间，我可以把城防工事修筑坚固，附近的魏军来攻，足可以抵抗。我所在的新城，地势险要，司马懿必不肯自己领兵前来；派其他将军来，我就没有什么可以担心的了。』

这时司马懿率兵已到，孟达又写信给诸葛亮：『我起兵才八天，魏国大兵已至城下，怎么如此神速呢！』上庸城三面环水，孟达在城外竖立木栅栏，以此固守。司马懿率兵渡过环城河水，破坏栅栏，直逼城下。八路齐攻，十六天之后，孟达的外甥邓贤、将军李辅等人开城投降。司马懿军杀死孟达，把首级传送京城。俘获了万余名敌兵，重兵驻于宛城。于是鼓励农业生产，严禁浪费，南方的士民很乐意归服。

当初申仪长久驻守魏兴，边疆大事，专权独断，往往假传圣旨私刻印信，乱封官员。孟达被杀，申仪不免心虚自疑。这时各地郡守因司马懿大胜，纷纷带着礼物来祝贺，司马懿都收下。司马懿派人去暗示申仪，也应去祝贺，申仪来到帐前，司马懿责问他假传圣旨的事情，把他逮捕，送回京城。司马懿又把孟达手下的七千多家迁到幽州。于是蜀国将领姚静、郑他等人率部七千多人来投降。

当时边地郡县刚刚归服，大多民户没有户口，魏国想加以隐瞒。这时司马懿进京朝见天子，天子问起这件事，司马懿回答说：『敌人以严政约束部下百姓，所以百姓不合作，不上户口。现在应以宽大为怀，只抓主要纲领，老百姓自然安居乐业。』天子又问起蜀、吴二国应加讨伐，该先讨伐谁，司马懿回答说：『吴国以为中原士兵不习水战，所以它敢于散驻在东关。大凡进攻敌人，一定要扼住它的咽喉，打击它的心脏部位。夏口和东关，是敌人的咽喉。我们佯装陆战，军队向皖城进发，引诱孙权东下，这时水军直向夏口，乘敌空虚进击，如神兵从天而降，一定能大败敌人。』天子对司马懿的计策很欣赏，仍命他屯驻在宛城。

太和四年，司马懿升任大将军，加大都督衔，假黄钺，和曹真一道征伐蜀国。司马懿自西城开山修路，水陆齐进，溯沔水而上，到达朐肕，攻下新丰县。大军驻扎在丹口，因天降大雨，便班师回魏国。

第二年，诸葛亮率军进攻天水，把魏国的将军贾嗣、魏平围困在祁山。魏明帝对司马懿说：『西边出了事，非你莫属。』于是派他西进，屯驻于长安，并加都督雍、梁二州诸事衔，率车骑将军张郃、后将军费曜、征蜀护军戴凌、雍州刺史郭淮等人征伐诸葛亮。张郃劝司马懿分兵驻扎在雍州、郿州，作为后续部队，司马懿说：『如果前锋部队的力量能够抵挡敌军，将军你的意见是对的；如果前锋部队不能抵挡敌军，而分为前军后军，这正像项羽分为三军被黥布所擒一样！』于是进军隃麋。诸葛亮得知魏国大军将到，亲自率领诸将抢收上邽的小麦。魏国诸将有些担心，司马懿说：『诸葛亮考虑很多，决断很少，一定是巩固了营地，然后抢收小麦，我军用两天时间急行军就可以了。』于是倾巢出动，日夜兼行，诸葛亮望见魏军尘烟而逃走。司马懿判断说：『我军兼程前进，已很疲劳，在通晓兵法的人看来是难得的机会。但诸葛亮不敢据渭水抵抗，这就很容易对付了。』于是进驻汉阳，与诸葛亮的军队相遇，司马懿列开阵势，准备交战。又派将军牛金用小股部队引诱敌军。两军刚刚接火，诸葛亮即败退而去，魏军追至祁山。诸葛亮屯军于卤城，占据南北二山，拦住河水，形成水防工事。司马懿攻破重围，诸葛亮夜间逃走。司马懿纵兵追击，俘斩敌军万余人。魏明帝派遣使者慰劳司马懿统率之军，并给司马懿增加封地。

当时军师杜袭、督军薛悌都认为，到明年麦熟之时，诸葛亮必定再来进攻，陇右没有军食，应该在冬天预先运输。司马懿说：『诸葛亮两出祁山，一攻陈仓，都大败而回。纵然他再出，必然不去攻城，而求野战，战场必在陇东，不在陇西。诸葛亮吃尽了粮少的苦头，这次败回，必然积蓄粮食。依我的预料，非有三个丰收的年头，他不会动兵！』于是他向皇帝上奏，请将冀州的农民迁至上邽种田，再把京兆、天水、南安等地的冶铸业恢复起来。

魏明帝青龙元年，开凿成国渠，修筑临晋陂，灌溉良田数千顷，因此国用充实。

青龙二年，诸葛亮又率兵十余万出斜谷，在郿州的渭水南原修筑营垒。魏明帝很是忧虑，派遣征蜀护军秦朗率二万步兵骑兵，归司马懿指挥。诸将想驻扎在渭水北岸，以待蜀军来攻，司马懿说：『百姓和各种物资都在渭水以南，那是必争之地。』于是率军渡过渭水，背水扎营。司马懿对诸将说：『诸葛亮如果富于勇气，应该兵出武功，沿山东进；如果他西上五丈原，则我各路人马就不会有战事。』诸葛亮果然西上五丈原，将要北渡渭水。司马懿派将军周当屯驻阳遂，引诱蜀军。一连几天，诸葛亮按兵不动。司马懿说：『诸葛亮想争夺渭水南原，但他不向阳遂进兵，意图很清楚。』于是派将军胡遵、雍州刺史郭淮共同守备阳遂，自己率兵和诸葛亮会战于积石。在渭水南原外围大战，诸葛亮军不能前进，又回军于五丈原。这时有一颗流星坠落在诸葛亮的营垒，司马懿判断他必吃败仗，派奇袭部队袭击诸葛亮的背后，斩敌百余人，俘获千余人，有六百余人投降。

当时魏国朝廷认为，诸葛亮远道而来长途行军，利在速战速决，所以朝廷命令司马懿重守不急战，静观形势的变化。诸葛亮多次挑战，司马懿按兵不动。诸葛亮派人给司马懿送去女人用的首饰，以激怒司马懿。司马懿果然大怒，上表请求决战，朝廷不允许，并派遣强硬臣子卫尉辛毗带着符节充当军师，以监督司马懿。后来诸葛亮又来挑战，司马懿忍无可忍，要出兵应战，辛毗带着符节站立在军帐外，司马懿才没有出兵。当初，蜀国将领姜维听说辛毗前来，便对诸葛亮说：『辛毗带着符节而来，敌军不会出战了。』诸葛亮说：『他本无心应战，之所以上表请战，那是向他的部下表示他勇于战斗。常言道：将在外，君命有所不受。如果他能战胜我，哪里用得着千里之外去请战呢！』

司马懿的弟弟司马孚写信问军事情况如何，司马懿回信说：『诸葛亮志大而不善抓时机，谋虑很多，而决断很少，好用兵而缺乏随机应变的才能，虽然他领兵十万，已经进入我的圈套，一定能打败他。』双方对峙了百余天，诸葛亮病重逝世。他的部将烧掉营房逃走。老百姓来告诉蜀军已逃走，司马懿才派兵追击。诸葛亮的长史杨仪指挥军旗回头，鼓钟大鸣，好像要回兵相拒。司马懿认为穷寇不可追，于是杨仪整顿好部队阵容严整地离去。过了一两天，司马懿才到蜀军弃去的营垒，察看蜀军驻扎的情形，收缴了不少图籍和粮食。这时，司马懿才相信诸葛亮确实是死了，感叹说：『真是天下的奇才啊！』辛毗则以为，诸葛亮的生死，还不能断定。司马懿说：『兵家重视的是军事文件、军事计划和兵马粮食，现在这些东西都扔掉了，哪有人去掉五脏还可活着的道理！应该尽快追击。』关中的道路长着很多蒺藜，司马懿让两千军人穿上软质木屐在前面开路，蒺藜都刺在木屐上，然后步兵、骑兵跟随前进。追兵来到赤岸，才得到诸葛亮确实死亡的消息。当时老百姓编了一句顺口溜说：『死诸葛亮吓走活司马懿。』司马懿听到后，自我解嘲地说：『这是我只怕其生不怕其死的缘故啊！』

在此之前，诸葛亮的使者来到司马懿军前，司马懿问道：『诸葛先生身体可好？每天能吃多少饭？』使者回答说：

『每天能吃三四升米。』又问及多少政事归他处理，回答说：『二十杖以上的罪犯都归他亲自处理。』司马懿事后对人说：『看诸葛亮还能活多久！』诸葛亮之死，被他说中了。诸葛亮的部将杨仪、魏延争权夺利，杨仪杀掉魏延，吞并了他的部队。司马懿打算乘敌人内讧而进击，朝廷不允许。

青龙三年，司马懿升为太尉，增加了封地。蜀国将领马岱入侵边境，司马懿派将军牛金把他击退，斩敌首千余级。

武都氐王苻双、强端率领六千余人来投诚。

关东灾荒，司马懿从长安运来五百万斛粮食输送到京师。

青龙四年，民间获得白鹿，司马懿贡献给天子。魏明帝对他说：『古代周公辅佐周成王，向天子贡献白野鸡。现在你戍守陕西，向朝廷贡献白鹿，这不是忠心感天，千古同心，保安国家，永垂史册吗！』

辽东太守公孙文懿反叛，魏明帝把司马懿召至京师。魏明帝对他说：『按说这事并不值得让你去征伐，只是因为我想出师必胜，所以才麻烦你出征。你估计公孙文懿将采取什么策略？』司马懿回答说：『如果他放弃城池，预先逃走，对他来说，这是上策；如果他据守辽水，和大军对抗，这是次等的策略；如果他坐守襄平城，就只有被活捉。』魏明帝问道：『你估计他选择哪一条路？』司马懿回答：『只有精明的人，才能知己知彼，事先有所放弃，这一点他是做不到的。现在朝廷大军远征，他会认为不能旷日持久，所以他必定先占据辽水而后死守，这当然是中、下之策。』魏明帝又问：『你估计来回需要多长时间？』司马懿回答：『去需要一百天，回来也需一百天，进攻需一百天，加上六十天休整，这样一年的时间就足够了。』

这时朝廷大兴土木，修建宫殿，加上军事劳役，弄得百姓饥饿疲敝。司马懿出征之前，劝说魏明帝：『古时周公营建洛阳，萧何建造未央宫，现在我朝宫殿不完备，这是我做臣子的责任。但是现在，自黄河以北，老百姓都穷困已极，这样内有劳役，外有兵役，势不能兼顾，应该暂停内部的劳役，以救燃眉之急。』

魏明帝景初二年，司马懿率领牛金、胡遵等步兵骑兵四万余人，从京师出发。魏明帝亲自送到西明门外，并命令司马懿的弟弟司马孚、儿子司马师送过故乡温县，赏赐司马懿大量粮食、丝帛、牛肉、美酒。命令河内郡守、典农以下的官员都到温县迎接。司马懿见到故乡的父老乡亲，连日宴请。司马懿面对此景此情，深为感叹，于是赋诗一首：『自从盘古开天地，此时日月也重光。风云际会英雄出，尽力朝廷去远方。将去远方扫叛逆，征途顺路还故乡。扫清万里清宇宙，八方进献来朝王。功成告老全名节，逍遥度日在舞阳。』于是从温县出发，经过孤竹，越过碣石山，驻扎在辽水之滨。公孙文懿果然派遣步兵骑兵数万，驻扎在辽隧，构筑了坚固的工事，南北长六七十里，形成一道防线，抵抗司马懿所率的军队。司马懿调兵大张旗鼓地进击公孙文懿的南侧，敌人的精锐部队全部向南线转移。司马懿又调动军队从北线乘船渡过辽水，逼近敌军的大营。然后凿沉船只，烧毁桥梁，依辽水把敌营团团围困起来。又调主要兵力向襄平城进攻。他对手下的将领们说道：『不进攻敌人，只是围困，好像我们的兵力不足一样。』司马懿说：『敌人坚守不出，是想把我军拖垮，如果急于进攻，正中了他的奸计，这正像秦将王邑在昆阳被拖垮一样。古人说，敌人虽然打算坚守不出，但他不得不出战，是因为我们攻了他的老窝，他不得不救援。敌人主力兵力在这里，他的老窝空虚，我军直捣襄平，他的兵士们有后顾之忧，这样他必然要战，就一定能打败他们。』于是整齐军阵，绕敌而过。敌人见大军绕向它的后方，果然出兵拦击。司马懿对诸将说：『我所以不进攻它的大营，就是想把他们调出来，现在正是败敌的好机会，不可错过！』于是挥兵迎击，大败敌军，三次战斗，都获全胜。敌人退保襄平，司马懿率兵把襄平城团团围困。

在此之前，公孙文懿得知朝廷大军出征，向孙权求救，孙权则出兵在魏军后方牵制，孙权给公孙文懿写信说：『司马先生善于用兵，变化如神，所向无敌，我深深为你老弟担心。』

当时正是阴雨天气，平地大水数尺，诸兵将非常担心，打算把营地移往高处。司马懿下令说，谁敢提议移营就杀头。都督令史张静违反这一军令，立即杀掉，军队才平静下来。敌人凭借大水环绕，照常出城打柴放牧。诸将想把他们抓来，司马懿不允许。司马陈珪对司马懿说：『当年进攻上庸，八路并进，日夜不停，所以能在十天半月之内，攻下坚城，杀掉孟达。现在我们远道而来，迟迟不进攻，我真想不通！』司马懿对他说：『孟达的兵少粮多，粮食可支持一年，而我军四倍于敌人，粮食仅够一月食用，一个月对一年，哪能不速战速决？四人打一人，即使是两人打一人，也是应当进攻的。所以当时不怕伤亡，是军粮支持的时间有限。现在是敌众我寡，敌饥我饱，又遇上这样的洪水，条件不具备，虽然想早点结束战斗，但无能为力。自从京城出发，我不怕敌人进攻，只担心敌人逃走。现在敌人粮食快吃光了，我们的包围圈还没有形成，如果抢夺他的牛马，抓获他的打柴兵士，这不是赶他逃走吗？战争是变幻莫测的，但要善于抓住变化的机会。敌人依仗人多，又有雨水阻隔，虽然肚皮填不饱，还不肯束手就擒，我们应表示毫无办法，把敌人安顿住。如果占点小小的便宜把敌人惊走，那是失策。』朝廷听说大军被洪水阻隔，大臣请求把军队召回，魏明帝说：『司马先生善于在危险的环境中出奇制胜，过不了几天就会把敌首抓获。』过了不久，雨过天晴，包围圈已经形成，又堆起土山，挖掘地道，兵器也准备齐备，于是发动总攻，飞箭石块，如雨而下，昼夜不停。

这时天上出现一颗流星，颜色雪白，好像长着芒刺，自襄平城西南向东北飞去，坠落在梁水河中，襄平城中的敌人惴惴不安。公孙文懿更是魂不守舍，于是派他的代理相国王建、御史大夫柳甫前来求降，请求解除包围，束手投降。司马懿不答应，把王建等人抓起来斩首。又向公孙文懿发出最后通牒：『春秋时楚国和郑国都是诸侯国，郑国战败，郑伯还肉袒牵羊迎接楚君。我是朝廷的大臣，爵为上公，王建等人想要我解除重围，退兵三舍，昔日楚郑关系是这样吗？这两个人大概是老糊涂，传错了你的话，我已经把他们杀了。如果你还有未尽之意，可派年轻明事理的人来。』公孙文懿派遣侍中卫演请求约定日期送公孙文懿的儿子来当人质。司马懿对卫演说：『战争结局的选择，大致有五种途径，能战当战，不能战当守，不能守当走，剩下的两条路只有投降和被杀了。你不肯自缚请罪，这就表明你选择了死路，不需要送人质了！』公孙文懿突破南面的重围逃走，司马懿挥兵追击，把敌军杀得落花流水，公孙文懿也在梁水河边流星坠落的地方被杀。大军入城，树立两个标志，跟朝廷的人在一边，公孙文懿的人为一边，把公孙文懿部下十五岁以上的七千余人都杀死，用尸体垒成大高台。公孙文懿的公卿以下的官员都被斩，杀掉他的部将毕盛等两千余人。归服的民户四万多，人口三十多万。

当初，公孙文懿篡夺他叔父公孙恭的官位，把他叔父囚禁起来。在反叛之前，他的部将纶直、贾范等人苦苦相劝，公孙文懿把他们都杀死。这时，司马懿把公孙恭释放，为纶直等人建造坟墓，提拔他们的子孙。于是发布命令：『古代征伐敌国，只诛杀为首的头目，一般跟着公孙文懿跑的，都在宽大之列。中原人愿意回故乡的，听从自便。』

当时有的被俘士兵因没衣服穿，冻得难熬，乞求发给衣服，司马懿不给。有人说：『正好我们有不少旧衣服，可以赏给他们。』司马懿说：『衣服是官家的东西，作为臣子，不敢私自施舍。』司马懿又向朝廷上奏，军人年岁在六十以上的，复员千余人，军官阵亡的，用棺材送回故乡。于是班师回朝。魏明帝派使者到蓟州慰劳，把昆阳作为司马懿的封地，加上以前的两县。

当初，司马懿到达襄平之前，梦见魏明帝的头枕在他的膝盖上，对他说：『你看看我的脸。』司马懿低头看去，与平常的面孔不一样，觉得很厌恶。在班师之前，魏明帝命令司马懿回军之后，镇守关中。司马懿率军来到白屋，皇帝又召司马懿回京，三日之内，连接五道圣旨。皇帝亲笔写道：『我时刻盼你来到，你来到京城，可排闼而入，与我见一面。』司马懿感到有些恐惧，于是乘快车日夜兼行，从白屋至京城四百余里，一夜便赶到，司马懿被引入嘉福殿卧室，来到床前，泪流满面，问候明帝的病情，明帝拉住他的手，眼睛看着齐王曹芳，对司马懿说：『我把后事托付给你。死亡前的痛苦令人难以忍受，我所以忍受痛苦不死，是等见你一面，现在见了面，我没有遗憾了。』司马懿和大将军曹爽接受遗嘱，辅佐少年主子。

齐王曹芳登上帝位，升司马懿为侍中、持节、都督中外诸军事、录尚书事，与曹爽各自统领三千人，共同处理朝廷政事，轮流在殿中值班，乘车出入。曹爽企图大权独揽，让尚书的奏章先交给自己，再由他向天子汇报，于是把司马懿改任为大司马。朝臣认为，以前几任大司马都死在任上，很不吉利，便任司马懿为太傅，上殿不必屈身小步，拜见天子可以不报姓名，可以带剑上殿，和西汉萧何的待遇一样。丧葬嫁娶的费用都由朝廷拨给，任他的儿子司马师为散骑常侍，子弟三人封为列侯，四人为骑都尉。司马懿坚持推辞子弟的官爵。

正始元年春正月，东倭国遣使远道来向朝廷进贡，西域的焉耆、危须等国，弱水以南的鲜卑等王，都派遣使者来进贡。皇帝以为这是辅佐大臣的治国之功，又给司马懿增加了封地。

当初，魏明帝喜好修建宫殿，且都设计豪华，弄得老百姓苦不堪言。司马懿征辽东回来时，还有一万多人在修建宫殿，各种雕饰物，动不动就数千件。这时，司马懿请求停止修建，节省费用，发展农业，天下百姓莫不欣然悦服。

正始二年夏五月，吴国将领全琮进攻芍陂，朱然、孙伦围困樊城，诸葛瑾、步骘骚扰柤中，司马懿请求率兵征伐。朝廷的官员们认为，敌人远道而来围困樊城，短时间攻不下。敌人攻城受挫，自然瓦解，所以应该用这种策略对付来犯的敌人。司马懿驳斥说：『边境的城池被敌人围困，大臣安坐在朝廷上无所作为，这样边境地区政局会不稳，边民会对朝廷产生怀疑，这是国家的一大忧患。』

这年六月，司马懿统率诸军南征，皇帝亲自送出津阳门外。司马懿鉴于南方又热又潮湿，不宜打持久战，便派出轻骑兵向敌人挑战，吴将朱然不敢贸然出击。于是，司马懿下令诸军休整，挑选精锐兵将，选拔登城先锋，严肃军令，做出强攻的态势。吴军连夜逃走，司马懿率兵追至三州口，杀死、俘获敌军万余人，缴获了敌人的舟船及其他军用物资，然后班师回朝。皇帝派侍中常侍到宛城进行慰劳。

秋天七月，朝廷给司马懿增加郾师、临颍为封地，加上以前四县，计有民户四万。他的子弟十一人都封为列侯。司马懿功勋越来越大，却更加谦虚谨慎。因为太常官常林是他的乡里有声望的长者，司马懿每次见到常林，必然施礼下拜。他经常告诫子弟们：『事物太盛，是当权者的大忌，天地四时尚且有转换，我有什么大德能配这样的荣耀！所以一再自我贬损，这样也许会免于祸患。』

正始三年春天，皇帝下令追封司马懿的亡父京兆尹司马防为舞阳侯。

这年三月，司马懿奏请开凿广漕渠，引黄河入汴水，灌溉东南各地，开始大规模开发淮北农田。

在此之前，吴国派将领诸葛恪屯驻皖地，魏国的边境常受骚扰之苦，司马懿打算率兵进击诸葛恪，朝廷大臣中很多人认为，敌人据守，城防坚固，又积蓄粮食，是想引诱我军。如果孤军远攻，敌人的救兵必来，这样我军进退两难，可见远征不是上策。司马懿反驳道：『敌人长于水战，现在我军攻城，看敌人采取什么策略。如果它想发挥它的长处，弃城而走，这是它的胜算；如果它敢于固守，湖水到冬天变浅，不能行船，势必由陆路救援，这是它的短处，对我军则十分有利。』

正始四年秋九月，司马懿统率诸军进击诸葛恪，皇帝亲自送至津阳门外。大军驻扎在舒城，诸葛恪焚烧积蓄，弃城逃走。

司马懿认为，战胜敌人，主要在于积蓄粮食。于是大兴军屯，开拓淮阳、百尺两道水渠，又整理了颍水南北的一万余顷的灌溉系统。从此，淮北各地，谷仓相连，从寿阳到京城，管理农业的官署和屯田的守军连续不断。

正始五年春正月，司马懿从淮南至京，皇帝派使者慰劳军队。

尚书邓飏、李胜想让曹爽建立功勋，劝曹爽率兵征伐蜀国。司马懿力加劝阻，不听，曹爽果然无功而回。

正始六年秋八月，曹爽撤销了中垒中坚营，撤下来的士兵归他弟弟中领军曹羲指挥。司马懿认为，中垒中坚营是魏明帝旧有的建制，劝说不要撤销，但不被采纳。

这年冬天十二月，皇帝授命司马懿，朝会时可以乘轿上殿。

正始七年春正月，吴国派兵骚扰柤中，各族百姓一万多家逃避，北渡沔水。司马懿认为，沔水以南的百姓，接近敌境，如果北来的百姓再到沔南，敌人必然再来骚扰，应该暂且收留他们。曹爽说道：『如果不能守住沔水以南的地盘，收留百姓，这可不是上策。』司马懿反驳说：『不对。任何事物都是这样：你把他放在安稳的地方，自然平安无事，如果把他放在危险的地方，自然就会产生危急。所以兵书上说：「成功和失败，是当时的形势决定的，安危也是如此。」所以说，形势是治理百姓首先要考虑的问题，对此不能不头脑清醒。如果敌人派兵二万断绝沔水的交通，三万人在沔南与我军对峙，一万人在租中捣乱，我们用什么办法救援呢？』曹爽不听从司马懿的意见，把百姓遣返沔南。敌人果然攻破租中城，损失数以万计。

正始八年夏四月，司马懿的夫人张氏逝世。

曹爽用何晏、邓飏、丁谧等人的计谋，把太后迁往永宁宫，垂帘听政，曹爽等专擅政事，曹爽的兄弟统领卫戍部队，利用亲族，结党营私，变乱法度。司马懿没法禁止，于是和曹爽产生矛盾。

这年五月，司马懿称病，不过问政事。当时京城的人编了一句顺口溜：『何、邓、丁，乱京城。』

正始九年春三月，管理后宫的黄门张当，私自把后宫宫女石英等十一人送给曹爽，充当乐妓。曹爽、何晏以为皇帝病情日重，于是产生篡位的野心，他们和张当密谋策划，篡夺政权，并且定好了起事的日期。司马懿也暗中准备，曹爽的党羽也怀疑司马懿将有什么举动。这时河南尹李胜将要赴荆州上任，来问候司马懿。司马懿装作病重，让两个侍女搀扶，穿衣时，手中的衣服落地，用手指着自己的嘴，表示口渴，奴仆把粥送到他嘴边，他的手连杯子也拿不住，低头便喝，米粥顺嘴往下流，沾了满胸。李胜见此情况，说道：『别人都说您又焕发了当年的勇气，哪想到您的身体竟是这样！』司马懿装作上气不接下气地说：『岁数大了，又长期卧病，没几天活头了。你现在要到并州上任，并州接近少数民族，应该好好地防备。我们恐怕是见最后一面了，我的儿子司马师、司马昭就托付给你了。』李胜说道：『我是到本乡荆州上任，不是并州。』司马懿故意胡言乱语：『你是说刚到并州？』李胜又说：『是赴任荆州。』司马懿说：『年老精神不集中，没听懂你的话。现在回本州上任，又有雄心壮志，好好地建立功勋吧！』李胜告辞出来，对曹爽说：『司马先生已经是行尸走肉，不省人事，不必担心了。』过了几天，李胜又对曹爽说：『太傅司马先生再也恢复不了健康，真让人悲伤。』因此曹爽对司马懿也就不戒备了。

嘉平元年春正月甲午，皇帝拜谒高平祖陵，曹爽兄弟跟随。这一天夜里太白星向月亮滑去，司马懿便奏准永宁太后，下令把曹爽兄弟废黜。当时晋景帝为中护军，领兵屯驻司马门。司马懿率兵列阵于宫外，经过曹爽的府门。

曹爽的帐下督严世登上门楼，拿起弓箭要射司马懿，孙谦把他拉住，说：『将来的局面还不知是怎么样呢！』三次要射，都被孙拉住他的胳膊，射不出去。大司农桓范投奔曹爽，蒋济对司马懿说：『智囊人物去了。』司马懿说：『曹爽与桓范，内心不和，曹爽的智力不及桓范，但老马贪恋几口草料，桓范必不被重用。』于是司马懿把大将军的权力交给司徒高柔，行使大将军的权力，统率曹爽原来的兵众，并对高柔说：『你就是西汉周勃那样的人物。』又令太仆王观代理中领军，统领曹羲原来的兵众。司马懿亲自率领太尉蒋济等人，带兵去迎接皇帝，屯军于洛水浮桥之旁，向皇帝上奏：『先帝在病重的时候，把陛下您、秦王和我召到床前，拉着我的手说：「我深深为身后的安排顾虑。」现在大将军曹爽违背先帝遗嘱，变乱国法，在朝廷内部越格行事，在朝廷外部专权独裁。重要官职，都安排他的亲信，原来保卫皇帝的可靠将领，都被他罢斥。在朝廷形成盘根错节的势力网，因此胡作非为，越来越不像话。又任用黄门张当为都监，打通内外关系，伺机夺取政权。因此天下人心汹汹，人人惴惴不安。他把陛下您当作傀儡，这样的局面怎能维持长久？这也根本违背了先帝在病床前遗嘱的本意。我虽然老朽，哪里敢忘掉先帝的遗言？秦国的赵高得意，秦国因此灭亡；西汉时的吕氏、霍光专权，幸亏早被消灭，汉朝的天下才得以长期延续。这是陛下您的前车之鉴，也正是我臣子的效命之时。公卿大臣都认为曹爽有篡权野心，他的弟兄都不应领兵和负责保卫皇帝。我奏请皇太后，皇太后批准，按奏本行事。于是我命令主管官员及黄门令，收回曹爽、曹羲、曹训的兵权，让他们以本来的官爵回到家中。如敢劫持天子，以军法从事。于是我拖着病体带兵至洛水浮桥，以应付非常的情况。』曹爽把司马懿的奏本扣住不发，并劫持皇帝在伊水之南，砍伐树木，阻挡道路，派兵数千人守在周围。这时桓范果然劝曹爽把天子劫持到许昌，然后发布文书，征召天下的兵员。曹爽不理睬他的建议，而连夜派侍中许允、尚书陈泰来到皇帝身边，观察动静。皇帝对二人数说曹爽的错误，看样子只不过是免官了事。陈泰等向曹爽回报，劝曹爽把司马懿的奏本交给皇帝。皇帝又派遣曹爽所信任的殿中校尉尹大目告诫曹爽，让他指洛水发誓，绝不篡权，曹爽相信皇帝不会害他。桓范等人列举古今事例，千方百计劝曹爽废帝自立。曹爽最终还是不听，并说：『司马懿正想夺掉我的兵权，我还可以以列侯的身份回家，至少还能当个富家翁。』桓范捶胸顿足地说：『为了你，会灭我全族！』于是曹爽把司马懿的奏本送上。过了不久，有关官员弹劾黄门张当，并责令曹爽、何晏等人坦白交代，于是把曹爽弟兄和他的党羽何晏、丁谧、邓飏、毕轨、李胜、桓范等人逮捕杀掉。蒋济对司马懿说：『曹真有功劳，给他留条根吧！』司马懿不听。

在此之前，曹爽的司马鲁芝、主簿杨综从外地一路千辛万苦来投奔他。在曹爽准备妥协之时，鲁芝、杨综流着眼泪苦劝他：『您现在所处的是伊尹、周公的位置，操纵皇帝，凭借皇威，谁敢不服从！你却要放弃这种权力而被押上断头台，真令人痛心！』曹爽被杀，鲁芝、杨综也被逮捕，准备按罪处治，司马懿赦免了他们，说道：『这也是对忠心事君的人的一种鼓励。』

这年二月，皇帝任命司马懿为丞相，增加颍川郡的繁昌、鄢陵、新汲、父城等县为他的封地，加上以前的八县，归他奴役的民户二万余家，向皇帝奏事时不自报家门。司马懿坚持不任丞相之职。

冬十二月，皇帝又赐给司马懿作为臣子的最高礼遇，上朝时可以不参拜皇帝。司马懿辞去最高礼遇。

嘉平二年春正月，皇帝批准司马懿在洛阳建立祖庙，并为他设置左右长史，手下增加工作人员四人，每年可推荐他的属官一人任御史、一人为秀才，增加仪仗骑兵一百人，仪仗乐手十四人，封他的儿子司马肜为平乐亭侯、司马伦为安乐亭侯。司马懿声称身体久病，不能上朝，所以每有朝政大事，皇帝亲自到他家里征求意见。

兖州刺史令狐愚、太尉王凌和司马懿分道扬镳，密谋立楚王曹彪为皇帝。

嘉平三年春正月，王凌假称吴国派人拦断了涂水，请求朝廷发兵征讨。司马懿暗中得知这是个圈套，所以不准发兵。

夏天四月，司马懿亲自率主力部队，乘船自黄河顺流而下，九天便到达甘城。王凌无计可施，才不得不到武丘去迎接，自上绑绳，来到黄河边上，对司马懿说：『我王凌如果有罪，您写个便条把我叫去，何必您亲自来呢！』司马懿不无嘲讽地说：『那是因为你不是用便条可以请去的客人啊！』随即把王凌押解回京城。中途路过贾逵庙，王凌对庙喊道：『贾先生！我王凌是大魏国的忠臣，你有神灵，一定了解我。』来到项城，王凌喝毒药而死。司马懿逮捕了他的党羽，都灭门三族，把曹彪也杀掉。并把魏国的宗室诸王都囚禁在邺城，派人严加看守，互相不许接触。

皇帝派侍中韦诞带着符节去五池慰劳司马懿统率之军。司马懿从甘城回到京师，皇帝又派兼任大鸿胪、太仆庾嶷带着符节，任命司马懿为相国，封为安平郡公，他的孙子和侄儿各一人封为列侯，前后的封地加起来，共有五万户，亲属封列侯的有十九人。司马懿谦虚推让，不接受相国和郡公的封赠。

这年六月，司马懿病重，梦见贾逵、王凌来索命，心里非常厌恶。秋季八月戊寅这一天，司马懿病死在京城洛阳，活了七十三岁。皇帝身穿孝服来吊唁，丧葬的仪礼规格按照汉朝霍光的成例，追赠他为相国、郡公。他的弟弟司马孚上书称，应尊重他在世时的意愿，辞去郡公和丧葬用的车。

九月庚申这一天，把司马懿埋葬在河阴，赠谥号为『文』，后来改谥『宣文』。司马懿在临死之前，预先对后事作了安排，在首阳山上土葬，不起坟头，不立碑；作了《顾命》三篇；寿衣按当时的习俗置办，不随葬礼器，后死的遗孀不得与他合葬。一切都按他的遗嘱办事。晋朝建立之初，追尊他为『宣王』。晋武帝夺取魏政权，加尊号称他为『宣皇帝』，他的陵墓称为高原，庙号为高祖。

司马懿的为人，心胸狭隘，表面上却装出宽和的样子，性情猜忌多变。魏武帝曹操觉察到他有称雄图霸的野心，听说他猛一回头时呈现一副恶狼相，就打算看个究竟。于是把他叫来，让他在前边走，曹操在后面突然喊他，让他回头，司马懿回头时，面向后，身体却不转动。曹操又曾梦见三匹马在同一槽里吃草，心里十分厌恶。于是曹操对太子曹丕说：『司马懿可不是甘居人下的人，他一定会干预你的家事（达到自己的目的）。』曹丕与司马懿平时关系很好，常常保护他，所以没有遭到厄运。从此，司马懿更加兢兢业业，尽职尽责，常常连夜不睡，即使是养牛喂马这样的琐事，都亲自过问，因此曹操也就放心了。在平定公孙文懿的时候，大肆屠杀。除掉曹爽，把曹爽的党羽中的次要分子也灭了三族，全族男女老少，就连姑姑姊妹的女儿已经出嫁的也不放过。所以后来竟然篡夺了曹家政权。

晋明帝司马统在位时，有一次王导陪着皇帝，晋明帝问王导司马氏如何得到天下，王导详细叙述司马懿创业的艰险和魏文帝末年高贵乡公曹髦被司马昭所杀等经过。晋明帝听后，脸贴在床上，叹道：『如像你说的那样，晋国的天下又哪能会长久呢！』考察司马懿的猜忌残忍的性格，实在符合恶狼顾后的情形。

唐太宗李世民评论说：天地虽然广大，但以百姓为根本；国家的安危取决于帝王的好坏。太平和战乱，没有一定之规，兴盛和衰亡，是由运数来决定的。所以，五帝以前的时代，坐上天子的宝座，常常是忧愁满面，夏、商、周以后，做天子的处于忧虑的地位却感到无比快乐。于是竞施计谋，争利避害，大国吞并小国，强国侵凌弱国。到曹魏时代，三国鼎立，干戈不断，战争的阴云笼罩大地。司马懿凭借他的天资聪明，顺应时代的要求，辅佐魏国，文能治理国家，武能扬威于敌人。用人能推心置腹，求得贤人，常恐失去机会。城府很深，很难猜测，性情宽和而能容人。与同时人相处，当屈则屈，当伸则伸，藏器待时，伺机而起。外表上装得忠心耿耿，以掩盖诡诈的内心，处境危险，却能泰然自若。你看他胸怀雄才大略，成熟果断，表现出英明果敢，在百日之内消灭了公孙文懿，擒获孟达也不过用了十几天，自以为用兵如神，谋略无双。不久又挥兵西上，与诸葛亮两军对峙。他抑制求战心切的官兵，因为他自己本来就不想交战，只因为诸葛亮给他送去妇女的首饰，才激怒他要决战。但有朝廷的使节压制，才使他雄图难伸。于是千里之外请战，只不过是表现自己的勇武罢了。再说秦蜀之兵，并非司马懿所率之军的对手，再者诸葛亮远道而来，司马懿可以以逸待劳，如抓住时机争取主动，有利的条件显而易见。但是司马懿回军闭营，不敢战斗，诸葛亮活着，他不敢前进寸步，诸葛亮死后，他还以为情报不实而逃走，作为战将司马懿，他的弱点恐怕在这方面吧！魏文帝在位之时，司马懿的权势已经很重，魏文帝出征，把首都许昌委托给他，这同楚汉时刘邦把汉中委托给萧何一样，委托司马懿照顾崇华宫太后，比汉朝时对霍光更为信任。这时如果他尽忠尽力，可和古代的伊尹、傅说媲美。魏明帝临死之前，把他当作国家的栋梁，受遗命辅佐两位少主，要他成为三朝辅臣。他既然接受遗命，并不舍生忘死报答受顾命之恩。皇帝在外地，京城内动起刀枪，逝世的皇帝尸体未冷，便为争权夺利，互相屠杀，正直臣子的作为，难道是这样吗？这恐怕不是臣子尽忠之道吧！再说他的军事策略，为什么在东征时是那么英明智慧，西征时又是那么怯懦愚蠢？辅佐皇帝，前期是那么忠贞不贰，后期又是那么好乱成性？因此，晋明帝得知司马懿的作为，伤心地以脸面贴床，为先辈的欺诈成功而羞耻；后赵皇帝石勒曾讥笑曹操、司马懿这样的奸臣贼子竟成就了帝业。古人曾说：『行善三年，却很少知名；一天做坏事，便名闻天下。』不正是如此吗？虽然当时隐瞒了罪恶行径，结果被后世人所唾骂。和掩耳盗铃一样，自以为别人听不见；财迷心窍，在众目睽睽之下偷取金钱，还以为别人看不见。由此得知，贪图眼前的利益，就失去远大的前程；嗜好财利，必然败坏名声。不是损己而利人，就是害人而为己。顺应天理人情，成事就比较容易；违背时代的要求，则很难成功。况且晋国的根基未稳，而去逼迫尚存生命力的魏国？虽然你的道德誉满天下，百姓受到感化，但时机不到，也难坐上皇帝的宝座，帝位是不可以用聪明才智去取得的，也不可以用力量来获取，虽然可以给他的后人留下福泽荣耀，但他本人却不免终身为人臣子。

宋书

檀道济列传第三

檀道济，高平金乡人，左将军韶少弟也。少孤，居丧备礼。奉姊事兄，以和谨致称。

高祖创义，道济从入京城，参高祖建武军事，转征西。讨平鲁山，禽桓振，除辅国参军、南阳太守。以建义勋，封吴兴县五等侯。卢循寇逆，群盗互起，郭寄生等聚作唐，以道济为扬武将军、天门太守讨平之。又从刘道规讨桓谦、荀林等，率厉文武，身先士卒，所向摧破。及徐道覆来逼，道规亲出拒战，道济战功居多。迁安远护军、武陵内史。复为太尉参军，拜中书侍郎，转宁朔将军，参太尉军事。以前后功封作唐县男，食邑四百户。补太尉主簿、谘议参军。豫章公世子为征虏将军镇京口，道济为司马、临淮太守。又为世子西中郎司马、梁国内史。复为世子征虏将军司马，加冠军将军。

义熙十二年，高祖北伐，以道济为前锋出淮、肥，所至诸城戍望风降服。进克许昌，获伪宁朔将军、颍川太守姚坦，及大将杨业。至成皋，伪兖州刺史韦华降。径进洛阳，伪平南将军陈留公姚洸归顺。凡拔城破垒，俘四千余人。议者谓应悉戮以为京观。道济曰：『伐罪吊民，正在今日。』皆释而遣之。于是戎夷感悦，相率归之者甚众。进据潼关，与诸军共破姚绍。长安既平，以为征虏将军、琅邪内史。世子当镇江陵，复以道济为西中郎司马、持节、南蛮校尉。又加征虏将军。迁宋国侍中，领世子中庶子，兖州大中正。

高祖受命，转护军，加散骑常侍，领石头戍事。听直入殿省。以佐命功，改封永修县公，食邑二千户。徙为丹阳尹，护军如故。高祖不豫，给班剑二十人。

出监南徐兖之江北淮南诸郡军事、镇北将军、南兖州刺史。景平元年，虏围青州刺史竺夔于东阳城，夔告急。加道济使持节、监征讨诸军事，与王仲德救东阳。未及至，虏烧营，焚攻具遁走。将追之，城内无食，乃开窖取久谷，窖深数丈，出谷作米，已经再宿，虏去已还，不复可追，乃止。还镇广陵。

徐羡之将废庐陵王义真，以告道济，道济意不同，屡陈不可，不见纳。羡之等谋欲废立，讽道济入朝，既至，以谋告之。将废之夜，道济入领军府就谢晦宿。晦其夕竦动不得眠，道济就寝便熟，晦以此服之。太祖未至，道济入守朝堂。上即位，进号征北将军，加散骑常侍，给鼓吹一部。进封武陵郡公，食邑四千户。固辞进封。又增督青州、徐州之淮阳下邳琅邪东莞五郡诸军事。

及讨谢晦，道济率军继到彦之。彦之战败，退保隐圻，会道济至。晦本谓道济与羡之等同诛，忽闻来上，人情凶惧，遂不战自溃。事平，迁都督江州荆州之江夏豫州之西阳新蔡晋熙四郡诸军事、征南大将军、开府仪同三司、江州刺史，持节、常侍如故。增封千户。

元嘉八年，到彦之伐索虏，已平河南，寻复失之，金墉、虎牢并没，虏逼滑台。加道济都督征讨诸军事，率众北讨。军至东平寿张县，值虏安平公乙旃眷。道济率宁朔将军王仲德、骁骑将军段宏奋击，大破之。转战至高梁亭，虏宁南将军、济州刺史寿昌公悉颊库结前后邀战，道济分遣段宏及台队主沈虔之等奇兵击之，即斩悉颊库结。道济进至济上，连战二十余日，前后数十交，虏众盛，遂陷滑台。道济于历城全军而反。进位司空，持节、常侍、都督、刺史并如故。还镇寻阳。

道济立功前朝，威名甚重，左右腹心，并经百战，诸子又有才气，朝廷疑畏之。太祖寝疾累年，屡经危殆，彭城王义康虑宫车晏驾，道济不可复制。十二年，上疾笃，会索虏为边寇，召道济入朝。既至，上间。十三年春，将遣道济还镇，已下船矣，会上疾动，召入祖道，收付廷尉。诏曰：『檀道济阶缘时幸，荷恩在昔，宠灵优渥，莫与为比。曾不感佩殊遇，思答万分，乃空怀疑贰，履霜日久。元嘉以来，猜阻滋结，不义不昵之心，附下罔上之事，固已暴之民听，彰于遐迩。谢灵运志凶辞丑，不臣显著，纳受邪说，每相容隐。又潜散金货，招诱剽猾，逋逃必至，实繁弥广，日夜伺隙，希冀非望。镇军将军仲德往年入朝，屡陈此迹。朕以其位居台铉，豫班河岳，弥缝容养，庶或能革。而长恶不悛，凶慝遂遘，因朕寝疾，规肆祸心。前南蛮行参军庞延祖具悉奸状，密以启闻。夫君亲无将，刑兹罔赦。况罪衅深重，若斯之甚。便可收付廷尉，肃正刑书。事止元恶，余无所问。』于是收道济及其子给事黄门侍郎植、司徒从事中郎粲、太子舍人隰、征北主簿承伯、秘书郎遵等八人，并于廷尉伏诛。又收司空参军薛彤，付建康伏法。又遣尚书库部郎顾仲文、建武将军茅亨至寻阳，收道济子夷、邕、演及司空参军高进之诛之。薛彤、进之并道济腹心，有勇力，时以比张飞、关羽。初，道济见收，脱帻投地曰：『乃复坏汝万里之长城！』邕子孺乃被宥，世祖世，为奉朝请。

【译文】

檀道济，高平金乡人，是左将军檀韶的幼弟。少年失父母，居丧期间依礼行事，事奉姐姐和哥哥，以和顺谨慎著称。

高祖首倡大义，檀道济随从进京，参高祖建武军事。转征西，讨平鲁山，活捉桓振，官拜辅国参军、南阳太守。因建义的功勋，封爵吴兴县五等侯。卢循反叛寇掠，群盗并起，郭寄生盘踞在作唐。朝廷委任檀道济为扬武将军、天门太守，讨平郭寄生。然后跟随刘道规进讨桓谦、荀林等，他率领激励部属，身先士卒，所向披靡。徐道覆领兵逼近，刘道规麾军抵拒，檀道济因战功卓著，升任安远护军，武陵内史。不久又任太尉参军、中书侍郎，迁转宁朔将军，参太尉军事。录前后所立功勋，封爵作唐县男，食邑四百户。又补授太尉主簿、咨议参军。豫章公世子代替征虏将军镇守京口，檀道济担任他的司马，兼临淮太守。继而任世子西中郎司马，兼梁国内史。后任世子征虏将军司马，加冠军将军。

义熙十二年，高祖北伐，以檀道济为前锋，先出淮、淝，军队所到之地，城戍纷纷望风归顺。檀道济引军攻克许昌，俘获后秦宁朔将军兼颍川太守姚坦及大将杨业。兵至成皋，后秦兖州刺史韦华降附。他又引军直趋洛阳，后秦平南将军陈留公姚洸出降。一路陷城池破壁垒，俘虏敌军将士四千余人。军中有人建议将战俘全部杀死，尸体封土成高冢，以炫耀武功。檀道济说：『讨伐有罪，抚慰人民，才是今天应该做的。』他将俘虏全部放回。戎夷心悦诚服，相率归顺他的人很多。他领兵西进，据守潼关，与诸路兵马联合，击败姚绍。长安平定以后，迁任征虏将军、琅邪内史。世子将镇守江陵，又以檀道济为西中郎司马、持节、南蛮校尉，加征虏将军。再迁宋国侍中，领世子中庶子，兼兖州大中正。

高祖刘裕称帝后，檀道济转为护军，加散骑常侍，领石头戍事务。允许他直接进入殿省。因辅佐高祖登极有功，改封永修县公，食邑两千户。又迁任丹阳尹，仍兼护军之职。高祖病重时，赐给他二十人，出入手持有花纹的木剑，作为仪仗队。

后出任地方官，监南徐州与兖州的江北、淮南诸郡军事，兼任镇北将军、南兖州刺史。景平元年，魏军把宋青州刺史竺夔围困在东阳城内，竺夔向朝廷告急。朝廷加檀道济使持节、监征讨诸军事，与王仲德联合，救援东阳。援军尚未赶到东阳，魏军闻讯，烧毁营寨和攻城器具，北逃。檀道济准备追击魏军，但东阳城中没有军粮。于是令士卒开地窖取陈谷，地窖深数丈，将谷子取出，加工成米，已经过了两夜，魏军已远去。于是不再追赶，回师镇守广陵。

徐羡之打算废黜庐陵王刘义真，先将此事告知檀道济。檀道济不同意，屡次陈述己见，说不能这样，但不被徐羡之采纳。徐羡之等人策划废黜宋少帝刘义符，拥立宜都王刘义隆，托词让檀道济入朝。檀道济来到，方告知此谋。当天夜晚，檀道济在领军府与谢晦同宿。谢晦因心情紧张，辗转反侧，不能入眠，檀道济刚卧床便已睡熟，谢晦佩服他临事镇定。太祖没有到来之前，檀道济进朝堂守护。待太祖登极，进檀道济征北将军，加散骑常侍，赐给鼓吹一部。不久又爵封武陵郡公，食邑四千户，檀道济坚决辞让，于是加都督青州，徐州的淮阳、下邳、琅邪、东莞等五郡诸军事。

后来讨伐谢晦，以到彦之为前部，檀道济后继。到彦之接战败北，退保隐圻，适逢檀道济领兵到达。谢晦原以为檀道济已与徐羡之等人同时被杀，忽然听说他领兵前来，于是军中人心惶恐，士兵不战而自行溃散。谢晦作乱被平息之后，檀道济迁都督江州、荆州的江夏郡，豫州的西阳、新蔡、晋熙四郡诸军事，征南大将军、开府仪同三司、江州刺史，仍为持节和常侍。并增封食邑千户。

元嘉八年，到彦之统领诸路兵马伐魏，平定了黄河以南地区，不久又丢失。洛阳金墉城和虎牢关等要塞同时陷落，魏军逼近滑台。宋朝廷加檀道济都督征讨诸军事，率军北伐。军队到达东平郡寿张县时，与魏安平公乙旃眷的军队遭遇。檀道济率领宁朔将军王仲德骁骑将军段宏等奋勇作战，大败魏军。又转战到高梁亭，魏宁南将军、洛州刺史、寿昌公悉颊库结前来阻击，檀道济派遣段宏和台队主沈虔之出奇兵攻打，斩杀悉颊库结。然后进军到济水南岸，连续作战二十多天，前后与魏军交锋数十次。因魏军兵多势盛，滑台被攻陷。檀道济带领宋军，从历城安全返回。进位司空，持节、常侍、都督、刺史等仍然保留。于是檀道济返回江州，镇守寻阳。

檀道济在前朝就立有战功，威信高，名望重。左右心腹，都曾身经百战。诸子又都很有才气，因而受到朝廷猜忌。太祖连年疾患，屡次病危，彭城王刘义康常担心太祖去世后，檀道济难以控制。十二年，太祖病危，恰逢魏军寇掠边境，于是召檀道济入朝，准备除掉他。等檀道济来到京城，太祖病情又有好转。十三年春天，让檀道济还镇寻阳，已经上船，太祖病情复发。于是以设宴饯行为名，将檀道济召回，拘押廷尉狱中。下诏说：『檀道济因时势靠幸运，在往昔蒙受大恩，待遇的优厚，他人无法比拟。不务报答万一，却凭空产生狐疑和离贰之心，戒备惊惧已久。元嘉年间以来，猜忌隔阂更深。不义不亲的心思，附下欺上的事迹，本来就暴露在民间，彰显于远近。谢灵运心毒言丑，不臣之心显著，檀道济却听信他的邪说，并予以宽容和隐瞒。私下散金钱珍宝，招引剽悍狡诈的人，乃至逃亡的罪犯。这种人在他身边聚集了很多，仍更广泛地搜罗。日夜等待时机，希冀非分之望。镇军将军王仲德往年入朝时，多次陈说他的种种劣迹。朕因他位居台辅，班次崇高，采取弥补缝合和宽容隐忍的态度，希望他能改过自新。而他怙恶不悛，于是构成大逆。乘朕患病，图谋滋事构难。前南蛮行参军庞延祖完全知晓他的奸状，曾密启朕躬。君主的亲戚如不顺从，尚且用刑不赦，何况他罪恶如此深重呢？便可收押廷尉狱中，以正刑典。事情只限于元凶，他人不予追究。』

于是拘捕檀道济及其子给事黄门侍郎檀植、司徒从事中郎檀粲、太子舍人檀隰、征北主簿檀承伯、秘书郎檀遵等八人，在廷尉狱中杀死。又拘捕司空参军薛彤，在建康伏法。另派遣尚书库部郎顾仲文、建武将军茅亨到寻阳，逮捕檀道济的儿子檀夷、檀邕、檀演以及司空参军高进之，全部杀死。薛彤、高进之是檀道济的心腹，当时人比作张飞、关羽。起初，檀道济被拘执入狱时，摘下头巾扔在地上，说：『竟又毁坏你的万里长城！』檀邕的儿子檀孺被宽宥，世祖在位时，官至奉朝请。

陶潜列传第五十三

陶潜，字渊明，或云渊明字元亮，寻阳柴桑人也。曾祖侃，晋大司马。

潜少有高趣，尝著《五柳先生传》以自况，曰：

先生不知何许人，不详姓字，宅边有五柳树，因以为号焉。闲静少言，不慕荣利。好读书，不求甚解，每有会意，欣然忘食。性嗜酒，而家贫不能恒得。亲旧知其如此，或置酒招之，造饮辄尽，期在必醉，既醉而退，会不吝情去留。环堵萧然，不蔽风日，裋褐穿结，箪瓢屡空，晏如也。尝著文章自娱，颇示己志，忘怀得失，以此自终。其自序如此，时人谓之实录。

亲老家贫，起为州祭酒，不堪吏职，少日，自解归。州召主簿，不就。躬耕自资，遂抱羸疾，复为镇军、建威参军，谓亲朋曰：『聊欲弦歌，以为三径之资，可乎？』执事者闻之，以为彭泽令。公田悉令吏种秫稻，妻子固请种粳，乃使二顷五十亩种秫，五十亩种粳。郡遣督邮至，县吏白应束带见之，潜叹曰：『我不能为五斗米折腰向乡里小人。』即日解印绶去职。赋《归去来》，其词曰：

归去来兮，园田荒芜，胡不归。既自以心为形役，奚惆怅而独悲。悟已往之不谏，知来者之可追。实迷涂其未远，觉今是而昨非。舟遥遥以轻扬，风飘飘而吹衣。问征夫以前路，恨晨光之希微。

乃瞻衡宇，载欣载奔。僮仆欢迎，稚子候门。三径就荒，松菊犹存。携幼入室，有酒停尊。引壶觞而自酌，眄庭柯以怡颜。倚南窗而寄傲，审容膝之易安。园日涉而成趣，门虽设而常关。策扶老以流憩，时矫首而遐观。云无心以出岫，鸟倦飞而知还。景翳翳其将入，抚孤松以盘桓。

归去来兮，请息交而绝游。世与我以相遗，复驾言兮焉求。说亲戚之情话，乐琴书以消忧。农人告余以上春，将有事于西畴。或命巾车，或棹扁舟。既窈窕以穷壑，亦崎岖而经丘。木欣欣以向荣，泉涓涓而始流。善万物之得时，感吾生之行休。已矣乎，寓形宇内复几时。奚不委心任去留，胡为遑遑欲何之。富贵非吾愿，帝乡不可期。怀良辰以孤往，或植杖而耘耔。登东皋以舒啸，临清流而赋诗。聊乘化以归尽，乐夫天命复奚疑。

义熙末，征著作佐郎，不就。江州刺史王弘欲识之，不能致也。潜尝往庐山，弘令潜故人庞通之赍酒具于半道栗里要之，潜有脚疾，使一门生二儿舆篮舆，既至，欣然便共饮酌，俄顷弘至，亦无忤也。先是，颜延之为刘柳后军功曹，在寻阳，与潜情款。后为始安郡，经过，日日造潜，每往必酣饮致醉。临去，留二万钱与潜，潜悉送酒家，稍就取酒。尝九月九日无酒，出宅边菊丛中坐久，值弘送酒至，即便就酌，醉而后归。潜不解音声，而畜素琴一张，无弦，每有酒适，辄抚弄以寄其意。贵贱造之者，有酒辄设，潜若先醉，便语客：『我醉欲眠，卿可去。』其真率如此。郡将候潜，值其酒熟，取头上葛巾漉酒，毕，还复著之。

潜弱年薄宦，不洁去就之迹，自以曾祖晋世宰辅，耻复屈身后代，自高祖王业渐隆，不复肯仕。所著文章，皆题其年月，义熙以前，则书晋氏年号，自永初以来唯云甲子而已。与子书以言其志，并为训戒曰：

天地赋命，有往必终，自古贤圣，谁能独免。子夏言曰：『死生有命，富贵在天。』四友之人，亲受音旨，发斯谈者，岂非穷达不可妄求，寿夭永无外请故邪。吾年过五十，而穷苦荼毒，以家贫弊，东西游走。性刚才拙，与物多忤，自量为己，必贻俗患，僶俛辞世，使汝幼而饥寒耳。常感孺仲贤妻之言，败絮自拥，何惭儿子。此既一事矣。但恨邻靡二仲，室无莱妇，抱兹心，良独罔罔。

少年来好书，偶爱闲静，开卷有得，便欣然忘食。见树木交荫，时鸟变声，亦复欢尔有喜。尝言五六月北窗下卧，遇凉风暂至，自谓是义皇上人。意浅识陋，日月遂往，缅求在昔，眇然如何。

疾患以来，渐就衰损。亲旧不遗，每以药石见救，自恐大分将有限也。恨汝辈稚小，家贫无役，柴水之劳，何时可免，念之在心，若何可言。然虽不同生，当思四海皆弟兄之义。鲍叔、敬仲，分财无猜，归生、伍举，班荆道旧，遂能以败为成，因丧立功，他人尚尔，况共父之人哉。颍川韩元长，汉末名士，身处卿佐，八十而终，兄弟同居，至于没齿。济北氾稚春，晋时操行人也，七世同财，家人无怨色。《诗》云：『高山仰止，景行行止。』汝其慎哉！吾复何言。

又为《命子诗》以贻之曰：

悠悠我祖，爰自陶唐。邈为虞宾，历世垂光。御龙勤夏，豕韦翼商。穆穆司徒，厥族以昌。纷纭战国，漠漠衰周。凤隐于林，幽人在丘。逸虬挠云，奔鲸骇流。天集有汉，眷予愍侯。于赫愍侯，运当攀龙。抚剑夙迈，显兹武功。参誓山河，启土开封。亹亹丞相，允迪前踪。浑浑长源，蔚蔚洪柯。群川载导，众条载罗。时有默语，运固隆污。在我中晋，业融长沙，桓桓长沙，伊勋伊德。天子畴我，专征南国。功遂辞归，临宠不惑。孰谓斯心，而可近得。肃矣我祖，慎终如始。直方二台，惠和千里。于皇仁考，淡焉虚止。寄迹夙运，冥兹愠喜。嗟余寡陋，瞻望靡及。顾惭华鬓，负景只立。三千之罪，无后其急。我诚念哉，呱闻尔泣。卜云嘉日，占尔良时。名尔曰俨，字尔求思。温恭朝夕，念兹在兹。尚想孔伋，庶其企而。厉夜生子，遽而求火。凡百有心，奚待于我。既见其生，实欲其可。人亦有言，斯情无假。日居月诸，渐免于孩。福不虚至，祸亦易来。夙兴夜寐，愿尔斯才。尔之不才，亦已焉哉。

潜元嘉四年卒，时年六十三。

【译文】

陶潜，字渊明，一说渊明字元亮，是寻阳柴桑人。曾祖父陶侃，是晋朝的大司马。

陶潜少年时便有高洁的志趣，曾写作《五柳先生传》用来自我比况，说：

先生不知是什么地方的人，不清楚姓氏名字，宅旁有五棵柳树，因而用『五柳』为名号。先生闲静少言，不企慕荣华利禄。喜欢读书，不追求烦冗过甚的解释，每当对书中的意趣有所领会，便欢喜得忘记吃饭。平生爱酒，但家贫不能经常得到酒。亲朋故旧知道他这种情况，有的备酒招他来，前去喝酒总是尽兴，希望能痛快一醉，醉后便退席，从不留意。家中四壁空空，不能遮蔽风吹日晒，粗布衣服破烂补缀，饭篓水瓢经常是空的，而先生却安然自若。

曾写文章自寻乐趣，很能表示自己的志趣，忘却名利得失，愿意这样度过一生。他的自述就是这样，当时人说这是真实的记录。

母亲年老家境贫困，开始做州里的祭酒，受不了吏职的约束，不多日子，便自动辞官归家。州里召为主簿，不去就职。亲自耕田种地维持生活，因此陷入贫病交加的境地，又出去做镇军、建威参军，对亲戚朋友说：『想要谋求一个小小的县官，为归隐三径小园准备些资用，也许是可以的吧？』执政的人听说之后，起用他做彭泽县令。在公田上全让县吏种酿酒的秫稻，他妻子坚持要求种粳稻，于是用二顷五十亩地种秫稻，五十亩种粳稻。郡里派督邮到县里来，县吏告诉陶潜应该穿礼服拜见督邮，陶潜叹息道：『我不能为五米斗向乡里小人折腰。』当天他便解下县令印绶离开了职位。作《归去来》，文中道：

回去吧！田园荒芜了，为什么不回去？自己的心志已被肉体驱使，何必惆怅而独自悲伤。觉悟到以往心受形役的过失已不可挽回，未来的事情还来得及安排。走上迷途确实还不算远，觉得今天做得对的而昨天确是错了。船在遥远的旅途上轻快飘荡，风阵阵吹拂着衣襟。向行人问路，然后前进，只恨晨光朦胧不清。

刚刚望见自己家门，高兴地向前跑去。童仆前来欢迎，孩子等候在门前。三径庭院行将荒芜，松树菊花还在。手拉小孩子走进屋里，正好有酒有杯。端起酒壶倒酒自斟自酌，观赏庭院里的树木使我惬意开心。倚凭南窗远望寄托傲世的情怀，细看这仅能容膝的小屋也使人安心。每天在小园里漫步很有乐趣，尽管有门可经常关着。拄着手杖四处游荡休息，时而抬头极目天边。白云无心自然地飘出山谷，鸟儿飞倦了知道归林。夕阳渐渐暗淡，将要落山，抚摸着孤松流连忘返。

回去吧！让我停止往来，断绝交游。世事已经把我遗弃，还要驾车出去追求什么。喜欢亲戚间的真心话语，乐于弹琴读书来消除忧愁。农夫告诉我春天已经到来，将要到西边的田里开始耕作。有的赶上车子，有的荡起扁舟。有时随着蜿蜒的溪水进入山谷，有时沿着崎岖的道路走过小丘。万木欣欣向荣，清泉涓涓长流。羡慕万物得到生长的好时节，感慨自己的一生将要罢休。

算了吧！寄身于天地之间还能有多长时间。为什么不随从心愿决定去留，为什么心神不定还想去什么地方？富贵不是我的心愿，天国不可期望。怀恋良辰时独自出游，或拄着木杖去田里耕耘。登上东边的高岗放声长啸，面对清澈的溪流吟咏诗篇。姑且顺应自然归向生命的尽头，乐天知命还有什么疑惑。

义熙末年，征召为著作佐郎，不去就职。江州刺史王弘想结识他，但就是请不来。陶潜曾经去庐山，王弘让陶潜的旧友庞通之携带酒具在半路上栗里的地方等候他。陶潜有脚病，让一个门人和两个儿子肩抬竹轿送他。到来之后，就与庞通之一起对饮，不久王弘到来，陶潜没有拂逆王弘的盛情。先前，颜延之做刘柳的后军功曹，在寻阳，和陶潜友情深厚。后来颜延之做始安郡守，经过柴桑，天天到陶潜家来，每次前往必定畅饮至醉。临离开时，留给陶潜二万钱，陶潜把钱全都送给酒家，然后不断地去打酒。有一次逢九月九日重阳没有酒，陶潜出来坐在宅旁的菊花丛中很久，正巧王弘送酒来，就随便在菊丛中自斟自酌，直到醉了才回去。陶潜不熟悉音律五声，但有一张没有绘饰的素琴，又无弦，每当饮酒高兴的时候，便抚弄素琴寄托心意。不论贵贱，凡是到他家来的，只要有酒便用酒招待，陶潜要是先醉了，便对客人说：『我醉了想睡觉，您可以走了。』他的性格就是这样真诚坦率。郡将来探望陶潜，正值他的酒酿好了，陶潜取下头上的葛巾来滤酒，用完了，又把葛巾戴上。

陶潜年轻时仕途上不得显通，认为做官和去职这种事有污清白，自以为曾祖父是晋朝的辅国大臣，耻于屈身事奉后起的王朝，自宋高祖帝业逐渐兴盛起来，他就不再肯出仕。凡是写作的文章，他都标出年月，义熙以前的，就写晋朝的年号，自宋朝永初以来的文章就只记甲子而已。他给儿子们写信以说明自己的志趣，并且训诫他们道：

天地给予人生命，有开始必定有终结，自古以来的圣贤，有谁能够避免。子夏说：『死生有命，富贵在天。』他是孔子的大弟子，亲自接受过孔子的教诲，发出这样的言论，岂不是表明穷困或显达不可随意求得，长寿或短命永远不可外求吗！我年过五十，而贫穷困苦，家境贫寒衰败，四处游走。性情刚直才智愚拙，与世俗多有不合，自料像我这样的人，必然会给世俗带来麻烦，不得不勉强辞世隐居，使你们从小就过着饥寒的生活了。我时常感佩东汉王霸的妻子的话，旧衣败絮穿在自己身上，又有什么愧对儿子的呢？这已经是过去的事了。只恨没有羊仲、求仲那样的人为伴，室里没有老莱子妻那样的贤妇，怀着这样愁苦的心理，的确自己感到迷惘。

自少年以来我喜好读书，偶尔也喜欢悠闲安静，读书有了心得，便高兴得忘了吃饭。看到树木繁枝浓荫，不同时令的鸟儿变换着啼声，也使我欢欣而快乐。我曾经说，五六月在北窗下坐卧，遇到凉风忽然吹来，自认为是远古羲皇时代的人。见解肤浅学识孤陋，时光终于过去了，缅怀往昔，令人感到茫然而无可奈何。

得病以来，身体渐渐衰弱亏损，亲朋故旧不能给予帮助，每每要靠药石来疗救，自己担心寿命快要到极限了。遗憾的是你们年纪还小，家里贫穷没有可供役使的人，打柴汲水的劳作，什么时候才能免除，在心里思念着这些，又能说些什么？然而你们兄弟五人虽不是一母所生，应当想到四海之内都是兄弟的道理。鲍叔牙和管仲，分配财物不存私心，归生和伍举，铺草坐地畅叙友情，于是管仲能由失败取得成就，伍举因丧事而建立功业，他人尚且能如此有情，何况是同一父亲的兄弟呢！颍川韩元长，是汉朝末年的名士，身居高位，八十岁而寿终，兄弟同居，直到死去。济北氾稚春，晋朝有操行的人，七代人共守家产，家人没有不满的表现。《诗》说：『高山令人仰望，大道供人行走。』你们要慎重啊！我还有什么话说呢。

又作了《命子诗》留给儿子们，诗中说：

遥远的时代有我们的先祖，始祖是帝尧时的陶唐。远古尧的后人为虞国之宾，此后历代都留下荣光。御龙氏服务在夏，豕韦氏辅佐殷商。肃穆的陶叔是周代司徒，他的宗族从此繁昌。纷纭骚乱的战国，没落衰败的东周。凤凰退隐在山林，幽人遁居在荒丘。放纵的虬龙搅乱行云，狂奔的鲸鱼惊起巨流。上天助汉兴盛，更眷顾陶舍封他为愍侯。啊，功业显赫的愍侯，幸运地追随天子。持剑乘风多么豪迈，显耀着他的武功。参与封爵盟誓山河，开辟土地建国受封。勤勉的陶青做汉朝丞相，追蹈着父亲的脚踪。浩瀚的长河，繁茂的大树，群川导始于源头，众多的枝条由巨树维罗。

陶氏先人有时沉默有时言语，时运原本有时兴隆有时衰萎。到我生活的东晋，郡公陶侃的功业昌盛于长沙。威武的长沙郡公，有功勋又有美德。天子按等级颁赐爵位，专掌军事征伐南国。功成业就便告老辞归，受到恩宠从不迷惑。谁说这样的心怀，而可以在近代得到。肃穆的祖父陶茂，一贯谨慎至终如始。他的德义著称于内外，在太守任上恩惠及于千里。啊，光荣仁慈的先父，怀有淡泊虚无的志趣。暂时托身于风云仕途，从不为做官或去职而忧伤或欢喜。可叹我德才寡陋，仰望先人自愧不及。羞惭的是空白了双鬓，伴着影子只身孤立。世间有三千种罪，没有后代最令人为难。我确实把这事念念在心，高兴地听到你降生呱呱而啼。卜问生辰是吉日，占卦也说是良时。给你起名叫陶俨，给你命字叫求思。望你温和恭敬朝朝夕夕，念念在心永不忘记。要想到你的榜样是孔伋，盼望你能有他那样的成就。得癞病的人夜里生下孩子，唯恐孩子像自己急忙找火来照亮。人皆有此心，哪里只有我是如此。既然看到孩子降生，实在是盼他能好好长大成人。人们也都有如此说法，这是真情毫无虚假。日月不停留，你逐渐长大不再是孩童。幸福不会白白降临，祸患又常轻易来到。昼夜操心，愿你还能成个人才。如果不能成才，我也无可奈何！

陶潜于宋文帝元嘉四年死去，时年六十三岁。

南齐书

刘瓛列传第二十

刘瓛，字子圭，沛国相人，晋丹阳尹惔六世孙也。祖弘之，给事中。父惠，治书御史。

瓛初州辟祭酒主簿。宋大明四年，举秀才，兄琎亦有名，先应州举，至是别驾东海王元曾与瓛父惠书曰：『比岁贤子充秀，州闾可谓得人。』除奉朝请，不就。

少笃学，博通《五经》。聚徒教授，常有数十人。丹阳尹袁粲于后堂夜集，瓛在座，粲指庭中柳树谓瓛曰：『人谓此是刘尹时树，每想高风；今复见卿清德，可谓不衰矣。』荐为秘书郎，不见用。除邵陵王郡主簿，安陆王国常侍，安成王抚军行参军，公事免。瓛素无宦情，自此不复仕。除车骑行参军，南彭城郡丞，尚书祠部郎，并不拜。袁粲诛，瓛微服往哭，并致赙助。

太祖践阼，召瓛入华林园谈语，谓瓛曰：『吾应天革命，物议以为何如？』瓛对曰：『陛下诫前轨之失，加之以宽厚，虽危可安；若循其覆辙，虽安必危矣。』既出，帝顾谓司徒褚渊曰：『方直乃尔！学士故自过人。』敕瓛使数入，而瓛自非诏见，未尝到宫门。

上欲用瓛为中书郎，使吏部尚书何戢喻旨。戢谓瓛曰：『上意欲以凤池相处，恨君资轻，可且就前除，少日当转国子博士，便即后授。』瓛曰：『平生无荣进意，今闻得中书郎而拜，岂本心哉！』后以母老阙养，重拜彭城郡丞。谓司徒褚渊曰：『自省无廊庙之才，所愿唯保彭城丞耳。』上又以瓛兼总明观祭酒，除豫章王骠骑记室参军，丞如故，瓛终不就。武陵王晔为会稽太守，上欲令瓛为晔讲，除会稽郡丞，学徒从之者转众。

永明初，竟陵王子良请为征北司徒记室。瓛与张融王思远书曰：『奉教使恭召，会当停公事，但念生平素抱，有乖恩顾。吾性拙人闲，不习仕进，昔尝为行佐，便以不能及公事免黜，此皆眷者所共知也。量己审分，不敢期荣。夙婴贫困，加以疏懒，衣裳容发，有足骇者。中以亲老供养，褰裳徒步，脱尔退今，二代一纪。先朝使其更自修正，勉厉于阶级之次，见其繿缕，或复赐以衣裳，袁、褚诸公咸加劝励，终不能自反也。一不复为，安可重为哉？昔人有以冠一免不重加于首，每谓此得进止之仪。古者以贤制爵，或有秩满而辞老，以庸制禄，或有（徐令上文长）（身病而求归）者，永瞻前良，在己何若。又上下年尊，益不顾居官次，废晨昏也。先朝为此，曲申从许，故得连年不拜荣授，而带帖薄禄。既习此岁久，又齿长疾侵，岂宜摄斋河间之听，厕迹东平之僚？本无绝俗之操，亦非能偃蹇为高，此又诸贤所当深察者也。近奉初教，便自希得托迹于客游之末，而固辞荣级，其故何耶？以古之王侯大人，或以此延四方之士，甚美者则有辐凑燕路，慕君王之义，骧镳魏阙，高公子之仁，继有追申、白而入楚，羡邹枚而游梁，吾非敢叨夫曩贤，庶欲从九九之遗踪。既于闻道集泮不殊，而幸无职司拘碍，可得奉温清，展私计，志在此尔。』除步兵校尉，并不拜。

瓛姿状纤小，儒学冠于当时，京师士子贵游莫不下席受业。性谦率通美，不以高名自居。游诣故人，惟一门生持胡床随后，主人未通，便坐问答。住在檀桥，瓦屋数间，上皆穿漏。学徒敬慕，不敢指斥，呼为青溪焉。竟陵王子良亲往脩谒。七年，表世祖为瓛立馆，以扬烈桥故主第给之，生徒皆贺。瓛曰：『室美为人灾，此华宇岂吾宅邪？幸可诏作讲堂，犹恐见害也。』未及徙居，遇病，子良遗从瓛学者彭城刘绘、从阳范缜将厨于瓛宅营斋。及卒，门人受学（者）并吊服临送。时年五十六。

瓛有至性，祖母病疽经年，手持膏药，渍指为烂。母孔氏甚严明，谓亲戚曰：『阿称便是今世曾子。』阿称，瓛小名也。年四十余，未有婚对。建元中，太祖与司徒褚渊为瓛娶王氏女。王氏椓壁挂履，土落孔氏床上，孔氏不悦，瓛即出其妻。及居父丧，不出庐，足为之屈，杖不能起。今上天监元年，下诏为瓛立碑，谥曰贞简先生。所著文集，皆是《礼》义，行于世。

初，瓛讲《月令》毕，谓学生严植曰：『江左以来，阴阳律数之学废矣。吾今讲此，曾不得其仿佛。』时济阳蔡仲熊礼学博闻，谓人曰：『凡钟律在南，不容复得调平。昔五音金石，本在中土；今既来南，土气偏陂，音律乖爽。』

〔瓛亦以为然〕。仲熊历安西记室，尚书左丞。

瓛弟琎。

琎字子璥。方轨正直。宋泰豫中，为明帝挽郎。举秀才，建平王景素征北主簿，深见礼遇。邵陵王征虏安南行参军。建元初，为武陵王晔冠军征虏参军。晔与僚佐饮，自割鹅炙。琎曰：『应刃落俎，膳夫之事，殿下亲执鸾刀，下官未敢安席。』因起请退。与友人孔澈同舟入东，澈留目观岸上女子，琎举席自隔，不复同坐。豫章王太尉板行佐。兄瓛夜隔壁呼琎共语，琎不答，方下床著衣立，然后应。瓛问其久，琎曰：『向束带未竟。』其立操如此。文惠太子召琎入侍东宫，每上事，辄削草。寻署中兵，兼记室参军、大司马军事、射声校尉，卒官。

【译文】

刘瓛，字子圭，沛国相人，晋丹阳尹刘惔的六代孙。他的祖父刘弘之，官至给事中，父亲刘惠，累官至治书御史。

刘瓛起先被州刺史举为祭酒主簿，宋大明四年，举为秀才。他的哥哥刘璲也很有名，先应州举，为秀才。至此，州别驾东海人王元曾给刘瓛的父亲刘惠的书信说：『贤子连年充举秀才，本州闾里可称得人。』朝廷除官奉朝请，不曾就职。

刘瓛少年时笃好儒学，于是博通五经。招收生徒讲授，常有数十人。丹阳尹袁粲在后堂举行晚宴，刘瓛也在座，袁粲指着庭院中的柳树对刘瓛说：『人们传说这棵树是您的六世祖刘尹所栽，常思念他的高风亮节；今又见您清德美行，可以说不减当年了。』举荐刘瓛为秘书郎，未被朝廷任用。先后除拜邵陵王的郡主簿，安陆王的国常侍，安成王的抚军行参军，因公事被免职。刘瓛本来就没有做官的愿望，从此就不再出仕。朝廷先后除车骑行参军、南彭城郡丞、尚书祠部郎，都不曾就职。后来袁粲被杀，刘瓛身穿平民服装前往哭灵，并赠给送葬和抚恤的财物。

齐太祖萧道成称帝，宣召刘瓛进华林园中谈话，对他说：『我响应天意改朝换代，人们如何评论此事？』刘瓛回答说：『陛下惩戒前朝的失误，再加上宽厚，虽然危险也可转化为平安，如果重蹈前代的覆辙，就是平安也会变得危险。』刘瓛退出，太祖对司徒褚渊说：『他竟然这么方正直率，这正是学士超过常人之处。』敕令刘瓛可常进宫中，但刘瓛如果不是皇帝召见，不曾到达宫门。

皇上打算让刘瓛担任中书郎，派吏部尚书何戢宣喻旨意。何戢对刘瓛说：『皇上想让你居官凤凰池，遗憾君资历轻浅，可暂且就任前职，过些天当转为国子博士，然后再授任后职。』刘瓛说：『我平素没有荣显进取之心，如今听说得为中书郎而拜受，这难道是我的本心吗？』后因母亲年迈需人孝养，再拜彭城郡丞。他对司徒褚渊说：『自我省察没有廊庙之才，所希望的只是保有彭城丞罢了！』皇上又要刘瓛兼任总明观祭酒，除豫章王骠骑记室参军，依旧保留郡丞，刘瓛终究不肯接受。武陵王萧晔当时为会稽太守，皇上想让刘瓛为萧晔讲经。除任会稽郡丞，学生跟随他的日益增多。

永明初年，竟陵王萧子良请刘瓛为征北司徒记室。刘瓛给张融、王思远的书信说：『奉教使恭敬召请，应当停办公事。但思念平生的抱负，与恩顾有所乖异。我本性拙于人世事务，不习惯仕进，往昔曾经担任行佐，便因无能及公事被罢免废黜，这都是眷顾者所周知的。衡量审视自己的天分，不敢希冀荣显。平素为贫困所萦绕，再加上疏懒，不修边幅，衣服容颜和头发，足以让人惊异。中间因为双亲年迈需要供养，揭起衣裳徒步行走，简慢轻率之习惯，至今已有两代十二年。先朝让再自我修正，用官秩阶次相勉励，见我穿着褴褛，有时还赏赐衣裳，袁粲、褚渊诸公都加以规劝勉励，但仍不能自改。一次不能行，怎么能再来第二次呢？前人有「冠一免就不重加于首」的说法，常以为这符合进退的法度。古人以贤设爵，也有秩满而以年老辞退的，以功赐禄，也有患病而请求回家的。瞻视前贤的事例，自身又如何呢？加上父母年迈，更不愿因居官位，废除早晚的请安探视。因此前朝曲从我的申述，能够连年不拜荣显的官职，而兼领薄禄。这种习惯年月已久，加上年长病患，怎适宜升登河间王的厅堂，厕身于东平王的僚属？我没有与世俗隔绝的节操，也不以傲慢为高尚。这又是诸贤应当深察的。近期奉初次下教，自己便希望能托形迹在游客的末位，而又坚决辞去荣显的职级，其原因何在呢？因为古代的王侯大人，多以此延揽四方的士人，最美的则有聚集在通往燕国之路途，以仰慕君王的高义；奔驰于魏国的朝门，以高尚公子的仁德。继而有追随申公、白公而入楚，羡慕邹阳、枚乘而游梁，我不敢忝承前贤，希望跟随九九的遗踪。既和闻道入学没有区别，而庆幸没有职司的拘束和妨碍，可以侍奉父母，嘘寒问暖，施展私人的计划，我的心志就在于此。』后除步兵校尉，都未拜受。

刘瓛身材瘦小，儒学为当时之冠，京城的士子贵族无不下席听受学业。他秉性谦虚直率通达，不以有盛名而自居。拜访故旧，只让一个门生手持胡床跟随身后，主人尚未到，便坐下问答。他家住在檀桥，有瓦房数间，房顶都穿透漏雨。学生尊敬仰慕，不敢明言，称作青溪。竟陵王萧子良亲自前往送束脩谒见。永明七年，上表世祖为刘瓛立学馆，以扬烈桥故主府第给他，生徒都向他祝贺。刘瓛说：『房室华美是人的灾害，这样华美的房子难道是我的住宅吗？幸亏诏令作为讲堂，我还怕被累害呢！』未来得及迁居，遇疾病，萧子良派遣跟随刘瓛学习的彭城人刘绘、从阳人范缜带炊具在刘瓛住宅准备斋饭。待刘瓛去世，门人和听他讲学的都吊唁服丧哭灵送葬。享年五十六岁。

刘瓛有纯厚的性情，祖母生毒疮一年多，他手拿膏药，手指被溃烂。母亲孔氏十分严明，对亲戚说：『阿称便是当代的曾子。』阿称是刘瓛的小名。他四十多岁时，尚未婚配。建元年间，太祖和司徒褚渊为他娶了王家的女儿。王氏在墙上钉钉子挂鞋子，土落到孔氏床上，孔氏不高兴，刘瓛就将王氏休出。待到为父亲服丧，不出墓庐，脚因此弯曲，拄杖才能站起。当今皇上天监元年，下诏书为刘瓛立碑，谥号贞简先生。所著的文集，都是关于《礼》的经义，流传于世。

起初，刘瓛讲完《月令》，对学生严植说：『王室迁江南以来，阴阳律数之学废而不传。我今天讲这些，不曾得它约略的形迹。』当时济阳人蔡仲熊礼学博洽，对人说：『凡钟律在江南，不可能再调平。过去五音金石，本来在中原，今既已南来，土气偏潮湿，音律出现差错。』刘瓛也认为是如此。蔡仲熊历任安西记室，尚书左丞。

刘瓛的弟弟叫刘琎。

刘琎，字子璥。行为方正直率而有遵循。宋泰豫年间，任明帝挽郎。被举为秀才，迁建平王刘景素的征北主簿，深受礼遇。转邵陵王的征虏安南行参军。建元初年，任武陵王萧晔的冠军征虏参军。萧晔和僚佐宴饮，亲自动手割烤鹅肉。刘琎说：『操刀切割，是膳夫的事，殿下亲手执鸾刀，下官不敢在席上安坐。』于是起身请求退席。和友人孔澈同舟东行，孔澈注目观看岸上的女子，刘琎举起席子自我隔离，不再和他同坐。豫章王太尉辟为行佐。哥哥刘瓛夜晚在隔壁呼唤刘琎共同谈话，刘琎不马上答应，待下床穿好衣服站立，才答应。刘瓛问他为何这么长时间不答应，他说：『刚才衣带还没有束好。』他的立身操行就是这样。文惠太子召刘琎进东宫侍候，每次上书言事，常毁掉草稿，以示缜密。不久署任中兵，兼记室参军、大司马军事、射声校尉，病死在任所。

谢朓列传第二十八

谢朓，字玄晖，陈郡阳夏人也。祖述，吴兴太守。父纬，散骑侍郎。

朓少好学，有美名，文章清丽。解褐豫〔章〕王太尉行参军，度随王东中郎府，转王俭卫军东阁祭酒，太子舍人、随王镇西功曹，转文学。

子隆在荆州，好辞赋，数集僚友，朓以文才，尤被赏爱，流连晤对，不舍日夕。长史王秀之以朓年少相动，密以启闻。世祖敕曰：『侍读虞云自宜恒应侍接。朓可还都。』朓道中为诗寄西府曰：『常恐鹰隼击，秋菊委严霜。寄言罻罗者，寥廓已高翔。』迁新安王中军记室。朓笺辞子隆曰：『朓闻潢污之水，思朝宗而每竭；驽蹇之乘，希沃若而中疲。何则？皋壤摇落，对之惆怅；歧路东西，或以呜悒。况乃服义徒拥，归志莫从，邈若坠雨，飘似秋带。朓实庸流，行能无算，属天地休明，山川受纳，褒采一介，搜扬小善，舍耒场圃，奉笔菟园。东乱三江，西浮七泽，契阔戎旃，从容讌语。长裾日曳，后乘载脂，荣立府廷，恩加颜色。沐发晞阳，未测涯涘；抚臆论报，早誓肌骨。不悟沧溟未运，波臣自荡；渤澥方春，旅翮先谢。清切藩房，寂寥旧荜。轻舟反溯，吊影独留，白云在天，龙门不见。去德滋永，思德滋深。唯待青江可望，候归艎于春渚；朱邸方开，效蓬心于秋实。如其簪履或存，衽席无改，虽复身填沟壑，犹望妻子知归。揽涕告辞，悲来横集。』

寻以本官兼尚书殿中郎。隆昌初，敕朓接北使，朓自以口讷，启让不当，不见许。高宗辅政，以朓为骠骑谘议，领记室，掌霸府文笔。又掌中书诏诰，除秘书丞，未拜，仍转中书郎。出为宣城太守，以选复为中书郎。

建武四年，出为晋安王镇北谘议、南东海太守，行南徐州事。启王敬则反谋，上甚嘉赏之。迁尚书吏部郎。朓上表三让，中书疑朓官未及让，以问祭酒沈约。约曰：『宋元嘉中，范晔让吏部，朱修之让黄门，蔡兴宗让中书，并三表诏答，具事宛然。近世小官不让，遂成恒俗，恐此有乖让意。王蓝田、刘安西并贵重，初自不让，今岂可慕此不让邪？孙兴公、孔顗并让记室，今岂可三署皆让邪？谢吏部今授超阶，让别有意，岂关官之大小？抝让之美，本出人情。若大官必让，便与诣阙章表不异。例既如此，谓都自非疑。』朓又启让，上优答不许。

朓善草隶，长五言诗，沈约常云『二百年来无此诗也』。敬皇后迁祔山陵，朓撰哀策文，齐世莫有及者。

东昏失德，江祏欲立江夏王宝玄，末更回惑，与弟祀密谓朓曰：『江夏年少轻脱，不堪负荷神器，不可复行废立。始安年长入纂，不乖物望。非以此要富贵，政是求安国家耳。』遥光又（遗）〔遣〕亲人刘沨密致意于朓，欲以为肺腑。朓自以受恩高宗，非沨所言，不肯答。少日，遥光以朓兼知卫尉事，朓惧见引，即以祏等谋告左兴盛，兴盛不敢发言。祏闻，以告遥光，遥光大怒，乃称敕（见）〔召〕朓，仍回车付廷尉，与徐孝嗣、祏、暄等连名启诛朓曰：『谢朓资性险薄，大彰远近。王敬则往构凶逆，微有诚效，自尔升擢，超越伦伍。而溪壑无厌，著于触事。比遂扇动内外，处处奸说，妄贬乘舆，窃论宫禁，间谤亲贤，轻议朝宰，丑言异计，非可具闻。无君之心既著，共弃之诛宜及。臣等参议，宜下北里，肃正刑书。』诏：『公等启事如此，朓资性轻险，久彰物议。直以雕虫薄伎，见齿衣冠。昔在渚宫，构扇蕃邸，日夜纵谀，仰窥俯画。及还京师，翻自宣露，江、汉无波，以为己功。素论于兹而尽，缙绅所以侧目。去夏之事，颇有微诚，赏擢曲加，逾迈伦序，感悦未闻，陵竞弥著。遂复矫构风尘，妄惑朱紫，诋贬朝政，疑间亲贤。巧言利口，见丑前志，涓流纤孽，作戒远图。宜有少正之刑，以申去害之义。便可收付廷尉，肃明国典。』又使御史中丞范岫奏收朓，下狱死。时年三十六。

朓初告王敬则，敬则女为朓妻，常怀刀欲报朓，朓不敢相见。及为吏部郎，沈昭略谓朓曰：『卿人地之美，无忝此职。但恨今日刑于寡妻。』朓临败叹曰：『我不杀王公，王公由我而死。』

【译文】

谢朓，字玄晖，陈郡阳夏人。祖父谢述，官至吴兴太守，父亲谢纬，累官为散骑常侍。

谢朓少年时好学，名声佳美，文章清新华丽。离家入仕，任豫章王的太尉行参军，经历随王东中郎府，转王俭的卫军东阁祭酒，迁任太子舍人、随王镇西功曹，转文学。

随王萧子隆在荆州，爱好辞赋，数次召集僚友，谢朓因为文才超群，尤其被赏识垂爱，会晤应对常流连忘返，不论白天黑夜。长史王秀之因谢朓年少受宠，怕动摇自己的地位，暗地将此事启奏皇上。世祖敕令说：『侍读虞云自应经常侍候应接，谢朓可以回京。』谢朓回京途中作诗一首寄给西府，说：『常恐鹰隼击，秋菊委严霜。寄言网罗者，寥廓已高翔。』迁任新安王中军记室。谢朓写笺记与萧子隆告辞，说：『朓听说低洼处的积水，想流向海而常常枯竭，跛劣的乘马，希望调柔而中途疲敝，如何？沼泽洼地草木凋谢，对它失意伤感；歧路可东可西，又令人悲哀气结。何况奉行仁义徒众抱集，回归之志不从，渺茫的样子像天降雨，翩翩像秋叶落树。朓实是平庸之辈，德行才能不值得称说。逢天地美善旺盛，山川纳污藏垢。褒采一介之士，抽扬小善微贤，所以舍弃农亩耒耜，奉笔于梁王菟园。东横渡三江，西浮泛七泽，离散在戎镇旗下相约，安居则从容会饮笑语。长襟日日拖曳，后车命驾而行。荣耀立于府庭，恩遇形诸面容，洗发晒干，未测边际。抚胸论报，早先誓言刻骨铭心。不料沧海没有运转，鲋鱼自己往来摇动，渤海方至春天，旅鸟翅羽先脱。王府清切，旧舍寂寞。轻舟已溯江返回，而我独留。白云在天，龙门不见。离别之日越久，思念之情越深。只待清江可望，候归船于春江边；朱邸方开，效蓬草之心于秋实。如果簪履尚存，单席未改，就是身填沟壑，还希望妻子知其归宿。挥泪告辞，涕注横流。』

不久，谢朓以本职兼尚书殿中郎。隆昌初年，敕令他接待北方来使，他自以为言语迟钝，启奏辞让，要求不担当此任，未被允许。高宗辅政，以谢朓为骠骑咨议，领记室，掌管霸府文笔。又掌管中书省的诏诰，除秘书丞，未就职，仍转中书郎。出外任宣城太守，经推选又任中书郎。

建武四年，出任晋安王的镇北咨议、南东海太守，行南徐州事。启奏王敬则反叛密谋，深为皇上嘉许赞赏，迁尚书吏部郎。谢朓三次上表辞让，中书怀疑他的官职未来得及让，以此问祭酒沈约。沈约说：『宋元嘉年间，范晔让吏部、朱修之让黄门、蔡兴宗让中书，都是三表诏答，具体事宛然。近代小官不让，就成了常俗，恐怕这样违背了辞让的意图。王蓝田、刘安西都贵重，起初自己不让，今天难道可以羡慕它不让吗？孙兴公、孔觊都让记室，如今难道可以三署都让吗？谢吏部如今授官越级，辞让有另外的意思，难道与官职的大小有关？谦让之美，本出于人情。如果大官必让，便和送到朝阙的章表没什么区别。惯例既然如此，此说都自不疑。』谢朓又启奏辞让，皇上诏答不许。

谢朓善于写草书隶体，擅长五言诗，沈约常说：『二百年来没有此诗。』敬皇后迁祔葬皇帝陵，谢朓撰写了哀策文，齐朝没有比得上的。

东昏侯无道，江祏想立江夏王萧宝玄为帝，后来又犹豫不决，他与弟弟江祀暗地对谢朓说：『江夏王年少，为人轻率简慢不稳重，不能保守神器，又不能再次废立。始安王年长，入继大统，不乖背人望。我们不是以此谋求富贵，而是为国家平安考虑的。』始安王萧遥光又派遣亲信刘渢暗中致意谢朓，想以他为心腹。谢朓自己认为已受高宗恩遇，不同意刘渢的话，不愿答应。过了几天，萧遥光任命谢朓兼知卫尉事，谢朓害怕被牵连，就把江祏等人的密谋转告左兴盛，左兴盛不敢告发此谋。江祏听说此事，就向萧遥光报告，萧遥光大怒，于是称敕命召见谢朓，掉转车头将谢朓交付廷尉，然后和徐孝嗣、江祏、刘暄等联名上书，奏请诛杀谢朓，说：『谢朓禀性阴险刻薄，已彰显于远近。王敬则往昔谋反构难，他小有诚心功效，从此拔擢升迁，超越同辈。但他欲壑无厌，遇事就有所表现。以至于最近煽动朝廷内外，到处散布奸邪语言，污妄贬低皇上，私自议论宫禁，离间毁谤亲贤之人，轻率评议朝中宰辅。丑恶的言辞，叛逆的计谋，不能详细奏闻。他无君之心既已明显，应受「人共弃之」之诛。臣等谋议，应下北里廷尉狱，严正刑典。』皇上下诏说：『公等启奏如此，谢朓禀性轻率阴险，已彰显于舆论。他只是以雕虫小技，被齿列于士大夫。往昔在荆楚别宫，煽动构造于藩府，日夜纵情谄媚阿谀，抬头窥察俯首谋划。待回到京城，反复自我宣露，江汉地区平定，以为是自己的功劳。平素议论及此很详尽，使缙绅侧目而视。去年夏天的事，多少有一点忠诚，奖赏擢升优加，破格越级，未听到他感激满意的话，陵上争竞之事却变本加厉。于是又制造混乱，以虚言惑乱高官，诋毁讥贬朝政，怀疑离间亲贤之人。巧言利口，为前史所贬斥，细弊微孽，可作为远图的戒训，应该受诛少正卯那样的刑罚，以申明除害的义理。可拘捕入廷尉狱，以严明国法。』又派御史中丞范岫启奏逮捕谢朓，后死于狱中。当年仅三十六岁。

谢朓起初告发王敬则谋反事，王敬则的女儿就是谢朓的妻子，她时常怀藏匕首准备为父亲报仇，谢朓害怕，不敢见她。待到谢朓任吏部郎，沈昭略对他说：『卿人才门地的佳美，无愧于此职，遗憾的是今天要受寡妻之刑。』谢朓在被捕前颇有感触地说：『我没有杀王公，王公却是因我而死的。』

梁书

曹景宗列传第三

曹景宗，字子震，新野人也。父欣之，为宋将，位至征虏将军、徐州刺史。

景宗幼善骑射，好畋猎，常与少年数十人泽中逐獐鹿，每众骑赴鹿，鹿马相乱，景宗于众中射之，人皆惧中马足，鹿应弦辄毙，以此为乐。未弱冠，欣之于新野遣出州，以匹马将数人，于中路卒逢蛮贼数百围之。景宗带百余箭，乃驰骑四射，每箭杀一蛮，蛮遂散走，因是以胆勇知名。颇爱史书，每读穰苴、乐毅传，辄放卷叹息曰：『丈夫当如是！』辟西曹不就。宋元徽中，随父出京师，为奉朝请、员外，迁尚书左民郎。寻以父忧去职，还乡里。服阕，刺史萧赤斧板为冠军中兵参军，领天水太守。

时建元初，蛮寇群动，景宗东西讨击，多所擒破。齐鄱阳王锵为雍州，复以为征虏中兵参军，带冯翊太守，督岘南诸军事，除屯骑校尉。少兴州里张道门厚善。道门，齐车骑将军敬儿少子也，为武陵太守。敬儿诛，道门于郡伏法，亲属故吏莫敢收，景宗自襄阳遣人船到武陵，收其尸骸，迎还殡葬，乡里以此义之。

建武二年，魏主托跋宏寇赭阳，景宗为偏将，每冲坚陷阵，辄有斩获，以勋除游击将军。四年，太尉陈显达督众军北围马圈，景宗从之，以甲士二千设伏，破魏援托跋英四万人。及克马圈，显达论功，以景宗为后，景宗退无怨言。魏主率众大至，显达宵奔，景宗导入山道，故显达父子获全。

五年，高祖为雍州刺史，景宗深自结附，数请高祖临其宅。时天下方乱，高祖亦厚加意焉。永元初，表为冠军将军、竟陵太守。及义师起，景宗聚众，遣亲人杜思冲劝先迎南康王于襄阳即帝位，然后出师，为万全计。高祖不从，语在高祖纪。高祖至竟陵，以景宗与冠军将军王茂济江，围郢城，自二月至于七月，城乃降。复帅众前驱至南州，领马步军取建康，道次江宁，东昏将李居士以重兵屯新亭，是日选精骑一千至江宁行顿，景宗始至，安营未立；且师行日久，器甲穿弊，居士望而轻之，因鼓噪前薄景宗。景宗被甲驰战，短兵裁接，居士弃甲奔走，景宗皆获之，因鼓而前，径至皂荚桥筑垒。景宗又与王茂、吕僧珍掎角，破王珍国于大航。茂冲其中坚，应时而陷，景宗纵兵乘之。景宗军士皆桀黠无赖，御道左右，莫非富室，抄掠财物，略夺子女，景宗不能禁。及高祖入顿新城，严申号令，然后稍息。复与众军长围六门。城平，拜散骑常侍、右卫将军，封湘西县侯，食邑一千六百户。仍迁持节、都督郢司二州诸军事、左将军、郢州刺史。天监元年，进号平西将军，改封竟陵县侯。

景宗在州，鬻货聚敛。于城南起宅，长堤以东，夏口以北，开街列门，东西数里，而部曲残横，民颇厌之。二年十月，魏寇司州，围刺史蔡道恭。时魏攻日苦，城中负板而汲，景宗望门不出，但耀军游猎而已。及司州城陷，为御史中丞任昉所奏，高祖以功臣寝而不治，征为护军。既至，复拜散骑常侍、右卫将军。

五年，魏托跋英寇钟离，围徐州刺史昌义之，高祖诏景宗督众军援义之，豫州刺史韦睿亦预焉，而受景宗节度。诏景宗顿道人洲，待众军齐集俱进。景宗固启，求先据邵阳洲尾，高祖不听。景宗欲专其功，乃违诏而进，值暴风卒起，颇有渰溺，复还守先顿。高祖闻之，曰：『此所以破贼也。景宗不进，盖天意乎！若孤军独往，城不时立，必见狼狈。今得待众军同进，始大捷矣。』及韦睿至，与景宗进顿邵阳洲，立垒去魏城百余步。魏连战不能却，杀伤者十二三，自是魏军不敢逼。景宗等器甲精新，军仪甚盛，魏人望之夺气。魏大将杨大眼对桥北岸立城，以通粮运，每牧人过岸伐刍藁，皆为大眼所略。景宗乃募勇敢士千余人，径渡大眼城南数里筑垒，亲自举筑。大眼率众来攻，景宗与战破之，因得垒成。使别将赵草守之，因谓为赵草城，是后恣刍牧焉。大眼时遣抄掠，辄反为赵草所获。先是，高祖诏景宗等逆装高舰，使与魏桥等，为火攻计。令景宗与睿各攻一桥，睿攻其南，景宗攻其北。六年三月，春水生，淮水暴长六七尺。睿遣所督将冯道根、李文钊、裴邃、韦寂等乘舰登岸，击魏洲上军尽殪。景宗因使众军皆鼓噪乱登诸城，呼声震天地，大眼于西岸烧营，英自东岸弃城走。诸垒相次土崩，悉弃其器甲，争投水死，淮水为之不流。景宗令军主马广蹑大眼至涉水上，四十余里，伏尸相枕。义之出逐英至洛口，英以匹马入梁城。缘淮百余里，尸骸枕藉，生擒五万余人，收其军粮器械，积如山岳，牛马驴骡，不可胜计。景宗乃搜军所得生口万余人，马千匹，遣献捷，高祖诏还本军，景宗振旅凯入，增封四百，并前为二千户，进爵为公。诏拜侍中、领军将军，给鼓吹一部。

景宗为人自恃尚胜，每作书，字有不解，不以问人，皆以意造焉。虽公卿无所推揖；惟韦睿年长，且州里胜流，特相敬重，同宴御筵，亦曲躬谦逊，高祖以此嘉之。景宗好内，妓妾至数百，穷极锦绣。性躁动，不能沉默，出行常欲褰车帷幔，左右辄谏以位望隆重，人所具瞻，不宜然。景宗谓所亲曰：『我昔在乡里，骑快马如龙，与年少辈数十骑，拓弓弦作霹雳声，箭如饿鸱叫。平泽中逐獐，数肋射之，渴饮其血，饥食其肉，甜如甘露浆。觉耳后风生，鼻头出火，此乐使人忘死，不知老之将至。今来扬州作贵人，动转不得，路行开车幔，小人辄言不可。闭置车中，如三日新妇。遭此邑邑，使人无气。』为人嗜酒好乐，腊月于宅中，使作野虖逐除，遍往人家乞酒食。本以为戏，而部下多剽轻，因弄人妇女，夺人财货。高祖颇知之，景宗乃止。高祖数宴见功臣，共道故旧，景宗醉后谬忘，或误称下官，高祖故纵之以为笑乐。

七年，迁侍中、中卫将军、江州刺史。赴任卒于道，时年五十二。诏赙钱二十万，布三百匹，追赠征北将军、雍州刺史、开府仪同三司。谥曰壮。子皎嗣。

【译文】

曹景宗，字子震，新野人。父亲名欣之，是宋朝武将，官做到征虏将军、徐州刺史。

曹景宗少年时善于骑马射箭，喜爱围猎，经常会同几十个少年到大草泽里去追逐獐子野鹿，每当众多骑手赶野鹿时，野鹿和人马混杂在一起，曹景宗在众人中放箭射鹿，人们都怕射中马腿，野鹿却随着弓弦一响就被射倒，曹景宗就以此当作乐趣。刚到二十岁时，曹欣之在新野派曹景宗出州去办事，他单身匹马只带几个从人，半路上意外地遇到几百蛮人的包围。曹景宗带上百多支箭，便驰马向四面射箭，每发一箭就射死一个蛮人，蛮人四散逃走，因此他凭自己的胆量和勇气获得了名声。他很喜爱读史书，每次读《穰苴》《乐毅传》，便放下书卷感叹说：『男儿应当做这样的人！』被征召任西曹官职，没去受任。宋朝后废帝元徽年间，随同父亲离开本州去京城建康，任奉朝请、员外，调任尚书左民郎。不久因父亲去世离职，回到故乡。服丧期满后，刺史萧赤斧任命他做冠军中兵参军，兼任天水太守。

当南齐高祖建元初年，蛮人聚众暴乱，曹景宗东征西讨，战斗中多次擒贼破敌。齐鄱阳王萧锵做雍州刺史，又用他做征虏中兵参军，兼任冯翊太守，督岘南诸军事，又授官做屯骑校尉。年少时和同乡张道门友谊情深。张道门是南齐车骑将军张敬儿的小儿子，做武陵太守。张敬儿被杀，张道门在郡中也被株连处死，亲属故吏没人敢前来收尸，曹景宗从襄阳派遣人员船只到武陵，收取张道门的尸体，接回来加以殡葬，同乡人都因此认为曹景宗重义气。

南齐明帝建武二年，北魏国主拓跋宏进攻赭阳，曹景宗任偏将，每次冲击强敌攻陷敌阵，总是有所斩杀和俘获，因为有功勋授官做游击将军。四年，太尉陈显达统率众军北上围攻马圈，曹景宗随军出征，带领甲士两千人设埋伏，击破北魏拓跋英带领的四万援兵。攻克马圈之后，陈显达论功行赏，把曹景宗排在最后，曹景宗退兵回来毫无怨言。北魏国主又率大军来进攻，陈显达在夜里逃跑，曹景宗引导他进入山道，因此陈显达父子得以安全脱险。

五年，梁武帝萧衍做雍州刺史，曹景宗同他深相结交，多次邀请他来自己家中做客。当时天下正处在动乱之中，梁武帝也有意重视曹景宗。南齐东昏侯永元初年，梁武帝上表请任曹景宗做冠军将军、竟陵太守。当梁武帝起兵东下，曹景宗集聚兵力，派亲信杜思冲劝梁武帝先迎接南康王萧伟在襄阳即皇帝位，然后再出兵，这是万全的计策。梁武帝没采纳这意见，事情记载在《高祖纪》中。梁武帝率兵到竟陵，派曹景宗会同冠军将军王茂渡过长江，围攻郢城，从二月到七月，郢城守军才投降。又统领众军为前锋挺进到南州，率领马步军取道向建康前进，中途驻军在江宁，东昏侯的部将李居士带重兵驻扎在新亭，这天选出一千精锐的骑兵到江宁暂驻，曹景宗的部队刚刚到达，营垒还没能建造起来；况且部队行军日久，兵器铠甲破损穿漏。李居士看到曹景宗队伍的状况便轻敌大意，于是趁势击鼓呐喊前来攻逼曹景宗。曹景宗披甲上马驰驱迎战，短兵刚一交战，李居士便弃甲败逃，曹景宗把李居士的兵马全部俘获，顺势乘胜击鼓追敌，一直前进到皂荚桥筑起营垒。曹景宗又和王茂、吕僧珍分兵合击，在大航打败王国珍。王茂攻击王国珍的主力，立刻冲垮敌阵，曹景宗乘势纵兵进击。曹景宗部队的军士都是凶暴狡猾的无赖汉，御街两侧的住户，全都是富贵之家，军士抢夺财物，掠取子女，曹景宗制止不住。当梁武帝进驻到新城，严肃申明军纪，此后掠夺事件才稍有收敛。曹景宗又会同众军长围攻六门。破城之后，授官做散骑常侍、右卫将军，封湘西县侯，食邑一千六百户。于是又迁为持节，都督郢、司二州诸军事，左将军、郢州刺史。梁高祖天监元年，进号平西将军，改封为竟陵县侯。

曹景宗在郢州，买卖货物聚敛钱财。在城南修建住宅，自长堤以东，到夏口以北，开辟街道排列门户，东西长几里，而部队凶残横暴，百姓极为厌恶。天监二年十月，北魏入侵司州，包围刺史蔡道恭。当时北魏的攻势一天天严重，城里的人要背着门板防箭去汲水，曹景宗却坐在家里观望而不出兵援救，只是耀武扬威地出游打猎而已。司州城被攻陷之后，曹景宗受到御史中丞任昉奏本弹劾，武帝因为曹景宗是功臣便压下这事不予制裁，反而召回曹景宗任护军。曹景宗到京之后，又拜官任散骑常侍、右卫将军。

五年，北魏拓跋英入侵钟离，围攻徐州刺史昌义之，武帝下诏命令曹景宗统率众军援救昌义之，豫州刺史韦睿也参加了这次军事行动，并且受曹景宗的节制。诏命曹景宗驻屯在道人洲，等候各军集齐之后一同进发。曹景宗一再启奏，要求允许他的部队首先占据邵阳洲尾，武帝不准许。曹景宗打算独得这次战功，便违抗诏命向前开进，恰好突然刮起暴风，很多士兵落水淹死，不得已又回兵据守先前的驻地。高祖知道这消息后，说：『这是能够破贼的条件。曹景宗不能前进，原来是天意安排的吧！假如曹景宗孤军独往，营垒不能及时修筑起来，一定遭到狼狈的惨败。如今能够等待众军同时前进，这样就能大获全胜了。』当韦睿到来，和曹景宗前进屯兵在邵阳洲，在距离魏城百多步远的地方构筑营垒。魏军接连出战不能打退南军，被杀伤的人数有十分之二三，从此魏军不敢逼近南军作战。曹景宗等各部分军队的兵器甲胄精良新美，军容盛大，魏军见到后感到气馁。魏大将杨大眼面对桥在北岸筑城，使运粮道路通畅，每当南边牧人过岸来打畜草，皆被杨大眼俘虏去。曹景宗便招募一千多勇敢的军士，一直渡河在离杨大眼城南面几里远的地方修筑营垒，曹景宗亲自举筑打夯。杨大眼率部队来进攻，曹景宗迎战并把他击败，因此能够把营垒筑成。曹景宗派遣将领赵草据守新垒，便把这座军垒叫作赵草城，从这以后牧人便可以随意在这里打草放牧。杨大眼不时地派兵来抄掠，每每反被赵草俘获。在这之前，武帝曾诏命曹景宗等预先建造高大的战船，使船上的高楼和桥一般高，目的是用来实现火攻的计划。命令曹景宗和韦睿各攻一座敌桥，韦睿攻打魏军的南桥，曹景宗攻击北面的桥。六年三月，春水涨起来，淮河水暴涨六七尺高。韦睿派出由他统领的将军冯道根、李文钊、裴邃、韦寂等乘战船登岸，进攻北魏在洲岸上的驻军并把他们全部歼灭。曹景宗乘机下令众军一齐击鼓呐喊，混乱中登上魏军的营垒，杀声震动天地，杨大眼在西岸烧掉营垒，拓跋英在东岸弃城逃走。魏军各个营垒接连崩溃，全都丢弃了他们的兵器铠甲，争着跳进河里淹死，淮水都被堵塞不能流通。曹景宗下令军主马广跟踪追击杨大眼直到涉水岸边，在四十多里的路上，倒毙的敌尸枕压在一起。昌义之出兵追击拓跋英到洛口，拓跋英单人匹马逃进梁城。沿着淮河百多里，遍地死尸叠压，活捉五万多魏兵，缴获魏军的粮食器械，堆积起来如同山岳，牛马驴骡，更不计其数。曹景宗于是搜集所俘虏的活口有一万多人，战马千匹，派人押送去京城献捷。高祖下诏命令曹景宗还归本军，曹景宗的部队排着队列得胜回朝，增赐四百户，连同以前赐的共为两千户，晋爵升为公。诏命拜官侍中、领军将军，赐给鼓吹乐队一部。

曹景宗为人自恃有功好胜，每次写信，有不会写的字，也不去问别人，都按自己的臆想生造。即使对待公卿高官也从不谨敬谦让；唯独韦睿比他年长，而且是同州里中的名流人物，曹景宗对他加意敬重，一同参加御赐的宴会，曹景宗也能尽礼谦逊，武帝也因此称赞他。曹景宗好女色，家中歌伎妻妾有几百人，穿着都是极其华贵的锦绣。他性格急躁好动，不能沉默安静，每次外出时总想挑开车上的帷幔向外观望，左右从人总是拿地位声望隆重加以劝告，说让所有的人都看到他，这是不合适的。曹景宗对他亲近的人说：『我过去在乡里，骑快马有如龙腾，会同年少朋友几十个骑手，弓弦弹出霹雳般震响，急箭发出饿鹰一样尖啸。在平野大泽中追射獐子，数着肋条射它，渴了喝它的血，饿了吃它的肉，味道甜美有如甘露琼浆。只觉得耳后生风，鼻头冒火，这样的快乐让人不知道会死，更不知道老年还会到来。如今来扬州成了贵人，行动不得自由，走在路上打开车幔，小人便说不行。憋闷闭坐在车里，如同三天不许见人的新媳妇。遭到这种郁闷，让人不得顺气。』曹景宗为人嗜酒好乐，腊月在自己的宅院里，让人们呼喊着驱病除鬼，还到所有的人家去乞讨酒饭。本来这样做是为的戏耍取乐，但是他的部下大多是剽悍轻薄之辈，就趁机调戏人家妇女，抢夺人家的财宝。武帝非常清楚这些情况，曹景宗知道后便停止这种取乐。高祖曾经多次设宴席会见功臣，一同叙谈昔日的交情，曹景宗醉了之后总是说些谬言妄语，或有时对皇帝误称自己是下官，高祖也是有意让他胡来以此取笑作乐。

七年，曹景宗转任侍中、中卫将军、江州刺史。赴任时死在路上，当年五十二岁。皇帝下诏赐丧葬钱二十万，布三百匹，追赠做征北将军、雍州刺史、开府仪同三司。谥号为壮。曹景宗的儿子曹皎继任父亲的爵位。

刘勰列传第四十四

刘勰，字彦和，东莞莒人。祖灵真，宋司空秀之弟也。父尚，越骑校尉。勰早孤，笃志好学，家贫不婚娶，依沙门僧祐，与之居处，积十余年，遂博通经论，因区别部类，录而序之。今定林寺经藏，勰所定也。

天监初，起家奉朝请，中军临川王宏引兼记室，迁车骑仓曹参军，出为太末令，政有清绩。除仁威南康王记室，兼东宫通事舍人。时七庙飨荐已用蔬果，而二郊农社犹有牺牲，勰乃表言二郊宜与七庙同改，诏付尚书议，依勰所陈。迁步兵校尉，兼舍人如故。昭明太子好文学，深爱接之。

初，勰撰《文心雕龙》五十篇，论古今文体，引而次之。其序曰：

夫文心者，言为文之用心也。昔涓子琴心，王孙巧心，心哉美矣夫，故用之焉。古来文章，以雕缛成体，岂取驺奭群言雕龙也。夫宇宙绵邈，黎献纷杂，拔萃出类，智术而已。岁月飘忽，性灵不居，腾声飞实，制作而已。夫肖貌天地，禀性五才，拟耳目于日月，方声气乎风雷，其超出万物，亦已灵矣。形甚草木之脆，名逾金石之坚，是以君子处世，树德建言，岂好辩哉，不得已也。

予齿在逾立，尝夜梦执丹漆之礼器，随仲尼而南行，旦而寤，乃怡然而喜。大哉圣人之难见也！乃小子之垂梦欤！自生人以来，未有如夫子者也。敷赞圣旨，莫若注经，而马、郑诸儒，弘之已精，就有深解，未足立家。唯文章之用，实经典枝条，五礼资之以成，六典因之致用，君臣所以炳焕，军国所以昭明，详其本源，莫非经典。而去圣久远，文体解散，辞人爱奇，言贵浮诡，饰羽尚画，文绣鞶帨，离本弥甚，将遂讹滥。盖《周书》论辞，贵乎体要；尼父陈训，恶乎异端。辞训之异，宜体于要。于是搦笔和墨，乃始论文。

详观近代之论文者多矣。至如魏文述《典》，陈思序《书》，应玚《文论》，陆机《文赋》，仲洽《流别》，弘范《翰林》，各照隅隙，鲜观衢路。或臧否当时之才，或铨品前修之文，或泛举雅俗之旨，或撮题篇章之意。魏《典》密而不周，陈《书》辩而无当，应《论》华而疏略，陆《赋》巧而碎乱，《流别》精而少功，《翰林》浅而寡要。又君山、公干之徒，吉甫、士龙之辈，泛议文意，往往间出，并未能振叶以寻根，观澜而索源。不述先哲之诰，无益后生之虑。

盖《文心》之作也，本乎道，师乎圣，体乎经，酌乎纬，变乎《骚》，文之枢纽，亦云极矣。若乃论文叙笔，则囿别区分，原始以表末，释名以章义，选文以定篇，敷理以举统。上篇以上，纲领明矣。至于割情析表，笼圈条贯，摛神性，图风势，苞会通，阅声字，崇替于《时序》，褒贬于《才略》，怊怅于《知音》，耿介于《程器》，长怀《序志》，以驭群篇。下篇以下，毛目显矣。位理定名，彰乎《大易》之数，其为文用，四十九篇而已。

夫铨叙一文为易，弥纶群言为难，虽复轻采毛发，深极骨髓，或有曲意密源，似近而远，辞所不载，亦不胜数矣。及其品评成文，有同乎旧谈者，非雷同也，势自不可异也。有异乎前论者，非苟异也，理自不可同也。同之与异，不屑古今，擘肌分理，唯务折衷。案辔文雅之场，而环络藻绘之府，亦几乎备矣。但言不尽意，圣人所难，识在瓶管，何能矩矱。茫茫往代，既洗予闻；眇眇来世，傥尘彼观。

既成，未为时流所称。勰自重其文，欲取定于沈约。约时贵盛，无由自达，乃负其书，候约出，干之于车前，状若货鬻者。约便命取读，大重之，谓为深得文理，常陈诸几案。

然勰为文长于佛理，京师寺塔及名僧碑志，必请勰制文。有敕与慧震沙门于定林寺撰经证，功毕，遂启求出家，先燔鬓发以自誓，敕许之。乃于寺变服，改名慧地。未期而卒。文集行于世。

【译文】

刘勰，字彦和，东莞莒人。祖父刘灵真，是宋司空刘秀之的弟弟。父亲刘尚，官至越骑校尉。

刘勰早年丧父，笃志好学，家贫不曾婚娶，依靠沙门僧祐，与他一同居住，前后达十几年，于是博通佛教经论，就分门别类，著录并写序。如今定林寺的经藏，就是刘勰校定的。

天监初年，离家入仕，任奉朝请，中军临川王萧宏引进，兼任他的记室，迁车骑仓曹参军。放外任为太末县令，有清名和政绩。后除仁威南康王的记室，兼东宫通事舍人。当时七庙飨荐之礼已用蔬菜水果为祭品，而二郊、农、社等祭礼还用纯色整体牲畜，刘勰就上表朝廷，说二郊的祭品应和七庙同改，诏令交付尚书议论，依刘勰的陈说行事。迁任步兵校尉，依旧兼舍人。昭明太子爱好文学，对他深深垂爱，以礼相待。

起初，刘勰撰写了《文心雕龙》五十篇，评论古今文体，予以引申和编次。其序言说：

『文心』是讲作文的用心。从前，涓子曾写过《琴心》，王孙子也曾写过《巧心》，可见『心』这个词很美好，所以用它来做书名。自古以来的文章，都是靠修饰和文采构成，大概是仿效修饰语言有如雕刻龙纹一般的驺奭吧。宇宙是无穷无尽的，常人和贤才混杂，出类拔萃，只靠才智罢了。时间飞快地过去，人的才智不能永存，要使名声和事功流传下去，只有靠创作罢了。人的容貌像天地，天性具有仁义礼智信五才，耳目好像日月，声气好像风雷，他超出万物，也算是灵智了。可是他的形体和草木一样脆弱，只有名声胜过金石的坚固，所以君子活在世上，要立德立言。这样立言难道是好辩论吗？实在是不得已啊！

我过了三十岁，曾经在夜晚的睡梦中拿着朱红漆的礼器，跟着孔子向南走去。早上醒来，就很高兴。伟大的圣人是很难见到的，竟然降临在小子的梦中！自从有了人类以来，没有像孔夫子那样的人！要阐明圣人的意旨，最好的是注释经书，可是马融、郑玄诸位大儒，发挥得已很精辟；我即使有更深刻的理解，也够不上自成一家。只有文章的作用，确是经典的枝条，五种礼制靠它来完成，六种法典靠它来施行；君臣的事功政绩得以辉耀，军国的大事得以显明，都离不开文章。推究它的根源，各种文章没有不是从经典里来的。但是由于离开圣人太遥远，文章的体制爱好破坏，作家爱好新奇，看重浮靡诡异的语言，好比在色彩鲜明的羽毛上涂上颜色，在不用刺绣的皮带上去刺绣，离开根本越来越远，将要造成乖误和浮滥。《周书》讲论文辞，重在体会要义，孔子陈述教训，憎恨异端邪说；文辞、教训的不同，应从中体会作文的要义，因此握笔调墨，才开始论文章。

细看近代论文的人很多了：如魏文帝曹丕的《典论·论文》，陈思王曹植的《与杨德祖书》，应玚的《文质论》，陆机的《文赋》，挚虞的《文章流别论》，李充的《翰林论》等。他们各自看到一角，很少有看到四通八达的大道的。有的褒贬当时的人才，有的品评前贤的文章，有的广泛地谈雅和俗的旨趣，有的约略指出文章的用意。《典论·论文》论点严密，但是不周备；《与杨德祖书》善于辩论，可是不够恰当；《文质论》很有文采，但是粗疏简略；《文赋》巧妙，可是琐碎零乱；《文章流别论》精粹，但是不切实用；《翰林论》浅薄，又不得要领。再如桓谭、刘桢之流，应贞、陆云等辈，泛泛地讨论文章的用意，往往轮替着出来，都不能从枝叶追寻到根本，从观察波澜去深寻源头，不叙述前贤的教训，对后辈探讨文章没有益处。

《文心雕龙》的写作，是从自然之道出发，以圣人为师，依据经典，参考纬书，寻究《楚辞》的变化。文章的关键，也可以说探索到极点了。至于论述文章体裁，有的属于『文』，有的属于『笔』，都分别指出它们的异同，推究各体的起源和流变，解释各体的名称，阐明它的意义；选取各体的文章来确定论述的篇章，陈述各体的写作理论以构成系统。本书上部的以上各篇，纲领是明显了。至于剖析情理，研讨文采，全面考虑写作条理；推论《神思》和《体性》，考虑《风骨》和《定势》，包括《附会》和《通变》，观察《声律》和《练字》；从《时序》上看到文章兴废盛衰，在《才略》中褒贬历代作家，在《知音》里惆怅感叹，在《程器》里发挥感慨，而在《序志》里抒写出远大怀抱，用来驾驭各篇。本书下部的各篇，细目明显了。按照理论排列，确定各篇名称，明显符合《易经》大衍之数五十，其中说明文章功用的，只不过四十九篇罢了。

评价一篇文章比较容易，总论历代文章就比较困难，虽然注意到毛发那样细微之处，探索到骨髓那样深入；有的用意曲折，根源细密，看起来似乎浅近，却很深远，这些在本书中没有讲到的，也多到无法计算。待到评量作品，有的话说得跟前人相同，不是有意人云亦云，实在是不能不同；有的话说得和前人相异，不是故意标新立异，按理不能不异。有的相同有的相异，不必介意这些说法是古人的还是今人的，只是分析文章的组织结构，力求恰当。漫游在文学的园地，环行在藻采的场所，几乎是全做到了。但是，语言不能把用意完全表达出来，这是连圣人也难以做到的；再加上见识浅陋，怎么能讲出创作的标准来呢！遥远的古代，已使我沉陷在各种知识里，渺茫的将来，这本书也许要迷惑后人的眼睛吧。

这本书写成以后，不被当时的士流所称许。刘勰自己珍重这本书，想让沈约予以评价。沈约当时很是高贵势盛，没有门路可通，于是刘勰背着书，等候沈约出门，在车前求他，好像是卖东西的。沈约就让拿来阅读，十分看重，认为它深得文章之理，时常放在几案上。

但是刘勰写文章以佛理为长，京城的寺塔和名僧的碑文墓志，必定请他撰写。朝廷曾敕令他与慧震和尚在定林寺撰写经证，大功告成，就启奏要求出家为僧，先烧了两鬓头发自我起誓，诏令允许。于是在寺内更换服装，改名为慧地。不到一年而死。有文集流传于人世。

陈书

周文育列传第二

周文育，字景德，义兴阳羡人也。少孤贫，本居新安寿昌县，姓项氏，名猛奴。年十一，能反复游水中数里，跳高五六尺，与群儿聚戏，众莫能及。义兴人周荟为寿昌浦口戍主，见而奇之，因召与语。文育对曰：『母老家贫，兄姊并长大，困于赋役。』荟哀之，乃随文育至家，就其母请文育养为己子，母遂与之。及荟秩满，与文育还都，见于太子詹事周舍，请制名字，舍因为立名文育，字景德。命兄子弘让教之书计。弘让善隶书，写蔡邕劝学及古诗以遗文育，文育不之省也，谓弘让曰：『谁能学此，取富贵但有大槊耳。』弘让壮之，教之骑射，文育大悦。

司州刺史陈庆之与荟同郡，素相善，启荟为前军军主。庆之使荟将五百人往新蔡悬瓠，慰劳白水蛮，蛮谋执荟以入魏，事觉，荟与文育拒之。时贼徒甚盛，一日之中战数十合，文育前锋陷阵，勇冠军中。荟于陈战死，文育驰取其尸，贼不敢逼。及夕，各引去。文育身被九创，创愈，辞请还葬，庆之壮其节，厚加赗遗而遣之。

葬讫，会卢安兴为南江督护，启文育同行。累征俚獠，所在有功，除南海令。安兴死后，文育与杜僧明攻广州，为高祖所败，高祖赦之，语在僧明传。

后监州王劢以文育为长流（令），深被委任。劢被代，文育欲与劢俱下，至大庾岭，诣卜者，卜者曰：『君北下不过作令长，南入则为公侯。』文育曰：『足钱便可，谁望公侯。』卜人又曰：『君须臾当暴得银至二千两，若不见信，以此为验。』其夕，宿逆旅，有贾人求与文育博，文育胜之，得银二千两。旦日辞劢，劢问其故，文育以告，劢乃遣之。高祖在高要，闻其还也，大喜，遣人迎之，厚加赏赐，分麾下配焉。

高祖之讨侯景，文育与杜僧明为前军，克兰裕，援欧阳頠，皆有功。高祖破蔡路养于南野，文育为路养所围，四面数重，矢石雨下，所乘马死，文育右手搏战，左手解鞍，溃围而出，因与杜僧明等相得，并力复进，遂大败之。高祖乃表文育为府司马。

李迁仕之据大皋，遣其将杜平虏入赣石鱼梁作城，高祖命文育击之，平虏弃城走，文育据其城。迁仕闻平虏败，留老弱于大皋，悉选精兵自将，以攻文育，其锋甚锐，军人惮之。文育与战，迁仕稍却，相持未解，会高祖遣杜僧明来援，别破迁仕水军，迁仕众溃，不敢过大皋，直走新淦。梁元帝授文育假节、雄信将军、义州刺史。迁仕又与刘孝尚谋拒义军，高祖遣文育与侯安都、杜僧明、徐度、杜棱筑城于白口拒之。文育频出与战，遂擒迁仕。

高祖发自南康，遣文育将兵五千，开通江路。侯景将王伯丑据豫章，文育击走之，遂据其城。累前后功，除游骑将军、员外散骑常侍，封东迁县侯，邑五百户。

高祖军至白茅湾，命文育与杜僧明常为军锋，平南陵、鹊头诸城。及至姑熟，与景将侯子鉴战，破之。景平，授通直散骑常侍，改封南移县侯，邑一千户，拜信义太守。累迁南丹阳兰陵晋陵太守、智武将军、散骑常侍。

高祖诛王僧辩，命文育督众军会世祖于吴兴，围杜龛，克之。又济江袭会稽太守张彪，得其郡城。及世祖为彪所袭，文育时顿城北香岩寺，世祖夜往趋之，因共立栅。顷之，彪又来攻，文育悉力苦战，彪不能克，遂破平彪。

高祖以侯瑱拥据（温）〔江〕州，命文育讨之，仍除都督南豫州诸军（之）事、武威将军、南豫州刺史，率兵袭湓城。未克，徐嗣徽引齐寇渡江据芜湖，诏征文育还京。嗣徽等列舰于青墩，至于七矶，以断文育归路。及夕，文育鼓噪而发，嗣徽等不能制。至旦，反攻嗣徽，嗣徽骁将鲍砰独以小舰殿军，文育乘单舴艋与战，跳入舰，斩砰，仍牵其舰而还。贼众大骇，因留船芜湖，自丹阳步上。时高祖拒嗣徽于白城，适与文育大会。将战，风急，高祖曰：『兵不逆风。』文育曰：『事急矣，当决之，何用古法。』抽槊上马，驰而进，众军从之，风亦寻转，杀伤数百人。嗣徽等移营莫府山，文育徙顿对之。频战功最，加平西将军，进爵寿昌县公，并给鼓吹一部。

广州刺史萧勃举兵逾岭，诏文育督众军讨之。时新吴洞主余孝顷（奉）〔举〕兵应勃，遣其弟孝劢守郡城，自出豫章，据于石头。勃使其子孜将兵与孝顷相会，又遣其别将欧阳頠顿军苦竹滩，傅泰据墌口城，以拒官军。官军船少，孝顷有舴艋三百艘、舰百余乘在上牢，文育遣军主焦僧度、羊柬潜军袭之，悉取而归，仍于豫章立栅。时官军食尽，并欲退还，文育不许。乃使人间行遗周迪书，约为兄弟，并陈利害。迪得书甚喜，许馈粮饷。于是文育分遣老小乘故船舫，沿流俱下，烧豫章郡所立栅，伪退。孝顷望之，大喜，因不设备。文育由间道兼行，信宿达芋韶。芋韶上流则欧阳頠、萧勃，下流则傅泰、余孝顷，文育据其中间，筑城飨士，贼徒大骇。欧阳頠乃退入泥溪，作城自守。文育遣严威将军周铁虎，与长史陆山才袭頠，擒之。于是盛陈兵甲，与頠乘舟而宴，以巡傅泰城下，因而攻泰，克之。萧勃在南康闻之，众皆股栗，莫能自固。其将谭世远斩勃欲降，为人所害。世远军主夏侯明彻持勃首以降。萧孜、余孝顷犹据石头，高祖遣侯安都助文育攻之，孜降文育，孝顷退走新吴，广州平，文育还顿豫章。以功授镇南将军、开府仪同三司、都督江广衡交等州诸军事、江州刺史。

王琳拥据上流，诏命侯安都为西道都督，文育为南道都督，同会武昌。与王琳战于沌口，为琳所执，后得逃归，语在安都传。寻授使持节、散骑常侍、镇南将军、开府仪同三司，寿昌县公，给鼓吹一部。

及周迪破余孝顷，孝顷子公飏、弟孝劢犹据旧栅，扇动南土，高祖复遣文育及周迪、黄法氍等讨之。豫章内史熊昙朗亦率军来会，众且万人。文育遣吴明彻为水军，配周迪运粮，自率众军入象牙江，城于金口。公飏领五百人伪降，谋执文育，事觉，文育囚之，送于京师，以其部曲分隶众军。乃舍舟为步军，进据三陂。王琳遣将曹庆帅兵二千人以救孝劢，庆分遣主帅常众爱与文育相拒，自帅所领径攻周迪、吴明彻军。迪等败绩，文育退据金口。熊昙朗因其失利，谋害文育，以应众爱。文育监军孙白象颇知其事，劝令先之。文育曰：『不可，我旧兵少，客军多，若取昙朗，人人惊惧，亡立至矣，不如推心以抚之。』初，周迪之败也，弃船走，莫知所在，及得迪书，文育喜，赍示昙朗，昙朗害之于座，时年五十一。高祖闻之，即日举哀，赠侍中、司空，谥曰忠愍。

初，文育之据三陂，有流星坠地，其声如雷，地陷方一丈，中有碎炭数斗。又军市中忽闻小儿啼，一市并惊，听之在土下，军人掘得棺长三尺，文育恶之。俄而迪败，文育见杀。天嘉二年，有诏配享高祖庙庭。子宝安嗣。文育本族兄景曜，因文育官至新安太守。

【译文】

周文育，字景德，是义兴阳羡人。少年时父死家贫，原先家住在新安寿昌县，本姓项，名叫猛奴。十一岁时，能够在河内上下游泳几里远，能跳五六尺高，和很多孩子在一起游戏，大家没有能赶上他的。义兴人周荟做寿昌浦口戍主，见到周文育认为他很出众，便招来同他交谈。周文育说：『母亲年老家境贫寒，哥哥姐姐都长大了，赋役负担使我们生活困苦。』周荟很同情他，便随周文育到家里，向他母亲索养周文育做自己的儿子，母亲便把他给了周荟。当周荟做官的任期满了，便带领周文育回到京城，带他去见太子詹事周舍，让给他起个名字，周舍便给他起名叫文育，字景德。周荟让哥哥的儿子周弘让教周文育写字和算术。周弘让善于隶书，抄写蔡邕的《劝学》和古诗送给周文育，周文育不认识也不理解这些诗文，对弘让说：『谁能学这些东西，要得到功名富贵只有长矛就行了。』周弘让认为周文育有雄心壮志，便教他骑马射箭，周文育学起来很高兴。

司州刺史陈庆之和周荟是同郡人，平日相互友好，起用周荟做前军军主。一次陈庆之派周荟带领五百人到新蔡悬瓠，慰劳白水蛮人，蛮人密谋活捉周荟然后把他送给东魏，事情发觉后，周荟和周文育奋兵抵抗。当时贼兵阵营很强大，一日之中战斗几十回合，周文育在前锋冲陷敌阵，在军中最为勇敢。周荟在阵前战死，周文育驰马夺回周荟尸体，贼兵不敢逼近。到夜里，双方各自退兵。周文育身上九处受伤，伤好后，请求回乡送葬，陈庆之赞赏周文育的节义，赠给很多丧葬费用送他回乡。

殡葬完了，恰好赶上卢安兴调做南江督护，起用周文育和他同行。周文育多次征讨俚獠，所到之处都立有战功，授官做南海县令。卢安兴死后，周文育和杜僧明攻打广州，被高祖陈霸先击败，陈霸先释放了他们，详情记载在《杜僧明传》里。

以后监州王劢用周文育做长流参军，深受重用。王劢的职务被别人替代后，周文育想要和王劢一同离职北下，走到大庾岭，去找卜人占卦，卜人说：『你如果北下不过当个县长，南下便能称公封侯。』周文育说：『有足够的钱财就可以了，谁还想当公侯。』卜人说：『你很快就能意外地得到两千两银子，假如你不信，就拿我的话去验证。』当天晚上，住在客店里，有个商人要和周文育博戏赌钱，周文育赢了商人，得银子两千两。第二天一早周文育去辞别王劢，王劢问他什么原因，周文育把赢钱的事告诉给他，王劢就让他走了。高祖陈霸先当时在高要，听说周文育回来了，大喜，派人去接他，给了很多赏赐，分配在部队中任职。

陈霸先讨伐侯景的时候，周文育和杜僧明做前锋，攻克兰裕，救援欧阳颜之战，都有战功。陈霸先在南野击败蔡路养，周文育被蔡路养包围，四面多层围兵，飞矢和石块雨点般射过来，周文育的坐骑被打死，周文育用右手同敌兵搏战，用左手解下马鞍，突围冲出，因此又同杜僧明等人相遇，集合力量再次进攻，于是大败蔡路养。陈霸先表奏周文育做军府司马。

李迁仕占据大皋之后，派部将杜平虏进驻赣石、鱼梁修筑城池，陈霸先下令让周文育攻打杜平虏，杜平虏弃城逃走，周文育占据杜平虏修筑的城池。李迁仕得知杜平虏战败，便将老弱军卒留在大皋，选出全部精兵由自己统率，用来攻打周文育，李迁仕军的前锋很强劲，周文育部队很惧怕。周文育出战，李迁仕军稍有退却，两军相持不能分解，恰在这时陈霸先派杜僧明前来支援，杜军一部击败李迁仕水军，使李迁仕全军崩溃，李迁仕不敢回大皋，直向新淦逃去。梁元帝授官给周文育做假节、雄信将军、义州刺史。李迁仕又和刘孝尚合谋抗拒陈霸先统率的义军，陈霸先派周文育和侯安都、杜僧明、徐度、杜棱等在白口筑城防备李迁仕。周文育频频出城交战，终于活捉李迁仕。

陈霸先从南康发兵，派周文育带五千兵，开辟过江的道路。侯景的将军王伯丑占据豫章，周文育把他打跑，于是便占有豫章城。计算周文育前后的战功，授官做游骑将军、员外散骑常侍、封东迁县侯，食邑五百户。

陈霸先队伍来到白茅湾，下令周文育和杜僧明的队伍常常打前锋，平定南陵、鹊头等城邑。军队进入姑孰，同侯景部将侯子鉴交战，击败侯军。侯景之乱平定后，授予周文育通直散骑常侍，改封南移县侯，食邑一千户，做信义太守。以后接连调任南丹阳、晋陵太守、智武将军、散骑常侍等职。

陈霸先讨伐王僧辩时，命令周文育总率各路军在吴兴和梁世祖萧绎的部队会合，包围并攻占了杜龛。又渡江袭击会稽太守张彪，占领了会稽郡城。当萧绎遭到张彪攻击时，周文育当时屯兵在城北香岩寺，萧绎在夜里奔赴香岩寺，于是两军共同立栅防守。不久，张彪又前来进攻，周文育出动全部兵力苦战，张彪军队不敌，于是便全歼张彪的部队。

陈霸先因为侯瑱拥兵据守江州，便命令周文育前去攻打，这时周文育担任都督豫州诸军事、武威将军、南豫州刺史，周文育率军袭击湓城。湓城尚未攻下来，徐嗣徽引来北齐军队渡过长江占据了芜湖，诏令召周文育回京师。徐嗣徽等在青敦排列开战船，直到七矶，用来阻断周文育军的归路。到晚间，周文育军击鼓呐喊发动进攻，徐嗣徽等部队抵挡不住。到天亮，周文育反攻徐嗣徽，徐嗣徽部下骁将鲍砰独自乘小战船殿后，周文育乘一条小船交战，跳上战船，杀了鲍砰，并拖着鲍船回来。徐军受到极大震动惊恐，于是周文育在芜湖便舍下战船，从丹阳上岸步行。这时陈霸先在白城阻击徐嗣徽，正恰同周文育军相会合。当要开战的时候，刮起急风，陈霸先说：『军队不能顶风头作战。』周文育说：『形势很紧迫，应当快速决战，何必照搬古代的兵法。』抽起长矛上马，奔驰前进，各路军随同前进，这时风也变了方向，这一仗杀伤敌军数百人。徐嗣徽转移到莫府山立营，周文育也移兵驻屯在徐军的对面。多次交战，周文育的战功最多，加官平西将军，爵位升作寿昌县公，并且赐给鼓吹乐队一部。

广州刺史萧勃发兵越过大庾岭，诏书命令周文育统率众军攻击萧勃。这时新吴洞主余孝顷发兵策应萧勃，并派他弟弟余孝劢守卫郡城，自己出兵豫章，在石头据守。萧勃派他儿子萧孜带兵和余孝顷相会，又派他的别将欧阳頠在苦竹滩驻屯，傅泰据守墌口城，借以抗拒官军。官军船少，余孝顷有小船三百艘、战船百多艘停泊在上牢，周文育派军主焦僧度、羊柬秘密行进暗中偷袭成功，把余孝顷船全部劫回，同时就在豫章修筑营栅。当时官军粮食用尽，都打算撤退，周文育不准撤军。于是派人从小路给周迪送信，相约结为兄弟，并陈述利害。周迪得信很高兴，答应对周文育支援粮食军饷。这时周文育分别派出老弱兵卒乘坐旧有的船只，顺流一同出发，放火烧掉豫章郡设立的木栅，假装撤退。余孝顷观察到这一情况，大喜，于是便不设置守备。周文育又从小路上兼程前进，两夜之间到达芊韶。

芊韶的上游就是欧阳頠、萧勃的部队，下流就是傅泰、余孝顷的部队，周文育占势在他们中间，修筑城池犒劳军士，贼兵非常惊恐。欧阳頠便退兵进入泥溪，筑城自守。周文育派严威将军周铁虎，和长史陆山才一起袭击并擒获了欧阳頠。在这时摆开盛大的军阵，周文育和欧阳頠坐在船上开宴，让船在傅泰城下巡游，因而乘机攻击傅泰，一战打败傅泰。萧勃在南康听到这消息，众人都两腿战栗，不能自保安全。萧勃的部将谭世远杀掉萧勃打算投降，反被人谋害。谭世远的军主夏侯明彻提着萧勃人头来降。萧孜、余孝顷还占据着石头城，高祖陈霸先派侯安都援助周文育进攻，萧孜向周文育投降，余孝顷败退向新吴逃去，广州平定后，周文育回军驻扎在豫章。按战功授予周文育镇南将军、开府仪同三司，都督江、广、衡、交等州诸军事，江州刺史等官职。

王琳拥兵据守上流，诏书命令侯安都做西道都督，周文育做南道都督，一起会兵在武昌。同王琳在沌口作战，被王琳俘虏，以后又得机会逃回，事情记载在《侯安都传》中。不久又授予周文育使持节、散骑常侍、镇南将军，开府仪同三司，寿昌县公，给鼓吹乐队一部。

当周迪击败余孝顷之后，余孝顷的儿子余公飏、兄弟余孝劢还据守着旧军栅里，煽动南方地区闹事，陈霸先又派周文育和周迪、黄法氍等前去攻打。豫章内史熊昙朗也率领大军前来会合，这时军队将近一万人。周文育派吴明彻统率水军配合周迪运输军粮，周文育亲自统率各路军进入象牙江，在金口筑城。余公飏带领五百人前来诈降，密谋活捉周文育，事情被发觉，周文育把他们全囚禁起来，送到京师，并把他们的军队解散把人员编到各路军中去。周文育舍船编成步兵，前进占领三陂。王琳派出将军曹庆率两千兵来援救余孝劢，曹庆另派主帅常众爱和周文育相对抗，他带自己所属部队直接攻击周迪、吴明彻的队伍。周迪等战败，周文育撤军退守金口。熊昙朗趁周文育战斗失利的机会，密谋杀害周文育，以便策应常众爱。周文育的监军孙白象很了解熊昙朗的阴谋，劝周文育抢先下手除掉熊昙朗。周文育说：『这样不行，我旧有的兵员少，外地兵多，假如杀了熊昙朗，会引起人人惊恐，覆灭的危险会立刻到来，不如用诚心诚意来安抚他。』当初，周迪战败之后，弃船逃走，没人知道他在什么地方，当收到周迪的书信，周文育很高兴，拿着书信送给熊昙朗看，熊昙朗就在座席上杀死周文育，当年周文育五十一岁。陈霸先听到消息之后，当天举行了悼念的仪式，赠官侍中、司空，谥号是忠愍。

当初，周文育据守三陂时，出现流星坠落的事，发出的声响如同雷鸣，地上砸陷一丈见方的大坑，其中像碎炭一样的东西有几斗。又在军市中听到小儿的哭声，全市人都感到震惊，仔细听声音来自地下，军人掘地发现一口长三尺的棺木，周文育听了很厌恶这件怪事。不久周迪战败，周文育被杀。陈文帝天嘉二年，诏书令周文育的灵位放进高祖陈霸先的庙堂里配享祭祀。周文育的儿子周宝安嗣位。周文育本家的哥哥周景曜借周文育的关系做官到新安太守。

熊昙朗列传第二十九

熊昙朗，豫章南昌人也，世为郡著姓。昙朗跅弛不羁，有膂力，容貌甚伟。侯景之乱，稍聚少年，据丰城县为栅，桀黠劫盗多附之。梁元帝以为巴山太守。荆州陷，昙朗兵力稍强，劫掠邻县，缚卖居民，山谷之中，最为巨患。

及侯瑱镇豫章，昙朗外示服从，阴欲图瑱。侯方儿之反瑱也，昙朗为之谋主，瑱败，昙朗获瑱马仗子女甚多。及萧勃逾岭，欧阳頠为前军，昙朗绐頠共往巴山袭黄法𣰰，又报法𣰰期共破頠，约曰『事捷与我马仗』。及出军，与頠掎角而进，又绐頠曰『余孝顷欲相掩袭，须分留奇兵，甲仗既少，恐不能济』。頠乃送甲三百领助之。及至城下，将战，昙朗伪北，法𣰰乘之，頠失援，狼狈退衄，昙朗取其马仗而归。时巴山陈定亦拥兵立寨，昙朗伪以女妻定子。又谓定曰『周迪、余孝顷并不愿此婚，必须以强兵来迎』。定乃遣精甲三百并土豪二十人往迎，既至，昙朗执之，收其马仗，并论价责赎。

绍泰二年，昙朗以南川豪帅，随例除游骑将军。寻为持节、飙猛将军、桂州刺史资，领丰城令，历宜新、豫章二郡太守。王琳遣李孝钦等随余孝顷于临川攻周迪，昙朗率所领赴援。其年，以功除持节、通直散骑常侍、宁远将军，封永化县侯，邑一千户，给鼓吹一部。又以抗御王琳之功，授平西将军、开府仪同三司，余并如故。及周文育攻余孝励于豫章，昙朗出军会之，文育失利，昙朗乃害文育，以应王琳，事见文育传。于是尽执文育所部诸将，据新淦县，带江为城。

王琳东下，世祖征南川兵，江州刺史周迪、高州刺史黄法𣰰欲沿流应赴，昙朗乃据城列舰断遏，迪等与法𣰰因帅南中兵筑城围之，绝其与琳信使。及王琳败走，昙朗党援离心，迪攻陷其城，虏其男女万余口。昙朗走入村中，村民斩之，传首京师，悬于朱雀观。于是尽收其宗族，无少长皆弃市。

【译文】

熊昙朗，豫章郡南昌县人，世代为本郡望族。熊昙朗为人放荡不守规矩，有气力，身材很魁伟。侯景之乱爆发后，逐渐聚集少年人，据守丰城县，构筑栅垒，凶暴狡猾的强盗多依附他。梁元帝让他担任巴山太守。荆州失陷以后，熊昙朗的兵力较强，抢劫掠夺邻县，捆卖当地居民，是山谷当中的最大祸患。

待到侯瑱守豫章，熊昙朗表面表示服从，暗中却要算计侯瑱。侯方儿的反叛侯瑱，熊昙朗是他主谋的人，侯瑱失败后，熊昙朗获得侯瑱的战马兵器男女很多。待到萧勃翻越南岭，以欧阳頠为前军，熊昙朗欺骗欧阳頠，和他一起前往巴山袭击黄法氍，又报告黄法氍约定时间共同打败欧阳頠，协议说『事情成功给我马匹兵器』。待出兵时，和欧阳頠呈犄角的形势而前进，又骗欧阳頠说：『余孝顷想要来袭击，必须分留骑兵，盔甲武器已少，恐怕难以成事。』欧阳頠就送三百领盔甲帮助他。等到达城下，将要交战，熊昙朗假装败退逃跑，黄法氍乘机追杀，欧阳頠失去援军，狼狈退缩，熊昙朗收取他的马匹兵器而回。当时巴山人陈定也拥兵立寨，熊昙朗假装要将女儿嫁给陈定的儿子，又对陈定说：『周迪、余孝顷都不愿看到这门亲事，你必须用强兵来迎亲。』陈定就派精锐甲士三百和土豪二十人前往迎亲，到后，熊昙朗将这些人拘留，收取他们的马匹兵器，然后论价让陈定赎回。

绍泰二年，熊昙朗以南川豪帅的身份，随例除拜游骑将军。不久为持节、飙猛将军、桂州刺史，领丰城县令，历任宜新、豫章二郡太守。王琳派遣李孝钦等跟随余孝顷，在临川攻打周迪，熊昙朗率部属前往救援。这年，因功除持节、通直散骑常侍、宁远将军，封爵永化县侯，给食邑一千户，赐鼓吹一部。又因抗拒王琳的功劳，授任平西将军、开府仪同三司，其他职务依旧。待到周文育在豫章攻打余孝劢，熊昙朗出兵和他相会，周文育失利，熊昙朗就杀害了周文育，以响应王琳，事情记在《周文育传》。于是全部拘执周文育的部将，据守新淦县，环绕江水修筑城墙。

王琳领兵东下，世祖征调南川的兵马，江州刺史周迪、高州刺史黄法𣰰打算沿水流应征赴京，熊昙朗据守城垒、排列舰船阻挡，周迪和黄法𣰰就率领南中兵士修筑城墙包围他，断了他和王琳的信使往来。待到王琳失败退走，熊昙朗的同党和援军心怀离贰，周迪攻克新淦城，俘虏男女一万多口，熊昙朗逃到村中，被村民斩首，将首级传送到京城，悬挂在朱雀观。于是全部拘捕他的宗族，无论老幼都处死刑。

魏书

李冲列传第四十一

李冲，字思顺，陇西人，敦煌公宝少子也。少孤，为长兄荥阳太守承所携训。承常言：『此儿器量非恒，方为门户所寄。』冲沉雅有大量，随兄至官。是时牧守子弟多侵乱民庶，轻有乞夺，冲与承长子韶独清简皎然，无所求取，时人美焉。

显祖末，为中书学生。冲善交游，不妄戏杂，流辈重之。高祖初，以例迁秘书中散，典禁中文事，以修整敏惠，渐见宠待。迁内秘书令、南部给事中。

旧无三长，惟立宗主督护，所以民多隐冒，五十、三十家方为一户。冲以三正治民，所由来远，于是创三长之制而上之。文明太后览而称善，引见公卿议之。中书令郑羲、秘书令高祐等曰：『冲求立三长者，乃欲混天下一法。言似可用，事实难行。』羲又曰：『不信臣言，但试行之，事败之后，当知愚言之不谬。』太尉元丕曰：『臣谓此法若行，于公私有益。』咸称方今有事之月，校比民户，新旧未分，民必劳怨，请过今秋，至冬闲月，徐乃遣使，于事为宜。冲曰：『民者，冥也，可使由之，不可使知之。若不因调时，百姓徒知立长校户之勤，未见均徭省赋之益，心必生怨。宜及课调之月，令知赋税之均。既识其事，又得其利，因民之欲，为之易行。』著作郎傅思益进曰：『民俗既异，险易不同，九品差调，为日已久，一旦改法，恐成扰乱。』太后曰：『立三长，则课有常准，赋有恒分，苞荫之户可出，侥幸之人可止，何为而不可？』群议虽有乖异，然惟以变法为难，更无异义。遂立三长，公私便之。

迁中书令，加散骑常侍，给事中如故。寻转南部尚书，赐爵顺阳侯。冲为文明太后所幸，恩宠日盛，赏赐月至数千万，进爵陇西公，密致珍宝御物以充其第，外人莫得而知焉。冲家素清贫，于是始为富室。而谦以自牧，积而能散，近自姻族，逮于乡闾，莫不分及。虚己接物，垂念羁寒，衰旧沦屈由之跻叙者，亦以多矣。时以此称之。

初，冲兄佐与河南太守来崇同自凉州入国，素有微嫌。佐因缘成崇罪，饿死狱中。后崇子护又纠佐赃罪，佐及冲等悉坐幽系，会赦乃免，佐甚衔之。至冲宠贵，综摄内外，护为南部郎，深虑为冲所陷，常求退避，而冲每慰抚之。护后坐赃罪，惧必不济。冲乃具奏与护本末嫌隙，乞原恕之，遂得不坐。冲从甥阴始孙孤贫，往来冲家，至如子侄。有人求官，因其纳马于冲，始孙辄受而不为言。后假方便，借冲此马，马主见冲乘马而不得官，后乃自陈始末。冲闻之，大惊，执始孙以状款奏，始孙坐死。其处要自厉，不念爱恶，皆此类也。

是时循旧，王公重臣皆呼其名，高祖常谓冲为中书而不名之。文明太后崩后，高祖居丧，引见待接有加。及议礼仪律令，润饰辞旨，刊定轻重，高祖虽自下笔，无不访决焉。冲竭忠奉上，知无不尽，出入忧勤，形于颜色，虽旧臣戚辅，莫能逮之，不法服其明断慎密而归心焉。于是天下翕然，及殊方听望，咸宗奇之。高祖亦深相杖信，亲敬弥甚，君臣之间，情义莫二。及改置百司，开建五等，以冲参定典式，封荥阳郡开国侯，食邑八百户，拜廷尉卿。寻迁侍中、吏部尚书、咸阳王师。东宫既建，拜太子少傅。高祖初依《周礼》，置夫、嫔之列，以冲女为夫人。

诏曰：『昔轩皇诞御，垂栋宇之构；爰历三代，兴宫观之式。然茅茨土阶，昭德于上代；层台广厦，崇威于中叶。良由文质异宜，华朴殊礼故也。是以周成继业，营明堂于东都；汉祖聿兴，建未央于咸镐。盖所以尊严皇威，崇重帝德，岂好奢恶俭，苟弊民力者哉？我皇运统天，协纂乾历，锐意四方，未遑建制，宫室之度，颇为未允。太祖初基，虽粗有经式，自兹厥后，复多营改。至于三元庆飨，万国充庭，观光之使，具瞻有阙。朕以寡德，猥承洪绪，运属休期，事钟昌运，宜遵远度，式兹宫宇。指训规模，事昭于平日；明堂、太庙，已成于昔年。又因往岁之丰资，藉民情之安逸，将以今春营改正殿。违犯时令，行之惕然。但朔土多寒，事殊南夏，自非裁度当春，兴役徂暑，则广制崇基，莫由克就。成功立事，非委贤莫可；改制规模，非任能莫济。尚书冲器怀渊博，经度明远，可领将作大匠；司空、长乐公亮，可与大匠共监兴缮。其去故崇新之宜，修复太极之制，朕当别加指授。』

车驾南伐，加冲辅国大将军，统众翼从。自发都至于洛阳，霖雨不霁，仍诏六军发轸。高祖戎服执鞭，御马而出，群臣启颡于马首之前。高祖曰：『长驱之谋，庙算已定，今大军将进，公等更欲何云？』冲进曰：『臣等不能折冲帷幄，坐制四海，而令南有窃号之渠，实臣等之咎。陛下以文轨未一，亲劳圣驾，臣等诚思亡躯尽命，效死戎行。然自离都淫雨，士马困弊，前路尚遥，水潦方甚。且伊洛境内，小水犹尚致难，况长江浩汗，越在南境。若营舟楫，必须停滞，师老粮乏，进退为难，矜丧反旆，于义为允。』高祖曰：『一同之意，前已具论。卿等正以水雨为难，然天时颇亦可知。何者？夏既炎旱，秋故雨多，玄冬之初，必当开爽。比后月十间，若雨犹不已，此乃天也，脱于此而晴，行则无害。古不伐丧，谓诸侯同轨之国，非王者统一之文。已至于此，何容停驾。』冲又进曰：『今者之举，天下所不愿，唯陛下欲之。汉文言，吾独乘千里马，竟何至也？臣有意而无其辞，敢以死请。』高祖大怒曰：『方欲经营宇宙，一同区域，而卿等儒生，屡疑大计，斧钺有常，卿勿复言！』策马将出。于是大司马、安定王休，兼左仆射、任城王澄等并殷勤泣谏。高祖乃谕群臣曰：『今者兴动不小，动而无成，何以示后？苟欲班师，无以垂之千载。朕仰惟远祖，世居幽漠，违众南迁，以享无穷之美，岂其无心，轻遗陵壤。今之君子，宁独有怀？当由天工人代、王业须成故也。若不南銮，即当移都于此，光宅土中，机亦时矣，王公等以为何如？议之所决，不得旋踵，欲迁者左，不欲者右。』安定王休等相率如右。前南安王桢进曰：『夫愚者暗于成事，智者见于未萌。行至德者不议于俗，成大功者不谋于众，非常之人乃能建非常之事。廓神都以延王业，度土中以制帝京，周公启之于前，陛下行之于后，故其宜也。且天下至重，莫若皇居，人之所贵，宁如遗体？请上安圣躬，下慰民望，光宅中原，辍彼南伐。此臣等愿言，苍生幸甚。』群臣咸唱『万岁』。

高祖初谋南迁，恐众心恋旧，乃示为大举，因以胁定群情，外名南伐，其实迁也。旧人怀土，多所不愿，内惮南征，无敢言者，于是定都洛阳。冲言于高祖曰：『陛下方修周公之制，定鼎成周。然营建六寝，不可游驾待就，兴筑城郛，难以马上营讫。愿暂还北都，令臣下经造，功成事讫，然后备文物之章，和玉銮之响，巡时南徙，轨仪土中。』高祖曰：『朕将巡省方岳，至邺小停，春始便还，未宜遂不归北。』寻以冲为镇南将军，侍中、少傅如故，委以营构之任。改封阳平郡开国侯，邑户如先。

车驾南伐，以冲兼左仆射，留守洛阳。车驾渡淮，别诏安南大将军元英、平南将军刘藻讨汉中，召雍泾岐三州兵六千人拟戍南郑，克城则遣。冲表谏曰：『秦州险阨，地接羌夷，自西师出后，饷援连续，加氐胡叛逆，所在奔命，运粮擐甲，迄兹未已。今复豫差戍卒，悬拟山外，虽加优复，恐犹惊骇，脱终攻不克，徒动民情，连胡结夷，事或难测。辄依旨密下刺史，待军克郑城，然后差遣，如臣愚见，犹谓未足。何者？西道险阨，单径千里，今欲深戍绝界之外，孤据群贼之中，敌攻不可卒援，食尽不可运粮。古人有言，「虽鞭之长，不及马腹」，南郑于国，实为马腹也。且昔人攻伐，或城降而不取；仁君用师，或抚民而遗地。且王者之举，情在拯民；夷寇所守，意在惜地。校之二义，德有浅深。惠声已远，何遽于一城哉？且魏境所掩，九州过八，民人所臣，十分而九。所未民者，惟漠北之与江外耳。羁之在近，岂急急于今日也？宜待大开疆宇，广拔城聚，多积资粮，食足支敌，然后置邦树将，为吞并之举。今钟离、寿阳，密迩未拔；赭城、新野，跬步弗降。所克者舍之而不取，所降者抚之而旋戮。东道既未可以近力守，西蕃宁可以远兵固？若果欲置者，臣恐终以资敌也。又今建都土中，地接寇壤，方须大收死士，平荡江会。轻遣单寡，弃令陷没，恐后举之日，众以留守致惧，求其死效，未易可获。推此而论，不戍为上。』高祖从之。

车驾还都，引见冲等，谓之曰：『本所以多置官者，虑有令仆暗弱，百事稽壅，若明独聪专，则权势大并。今朕虽不得为聪明，又不为劣暗，卿等不为大贤，亦不为大恶。且可一两年许，少置官司。』

高祖自邺还京，泛舟洪池，乃从容谓冲曰：『朕欲从此通渠于洛，南伐之日，何容不从此入洛，从洛入河，从河入汴，从汴入清，以至于淮？下船而战，犹出户而斗，此乃军国之大计。今沟渠若须二万人以下、六十日有成者，宜以渐修之。』冲对曰：『若尔，便是士无远涉之劳，战有兼人之力。』迁尚书仆射，仍领少傅。改封清渊县开国侯，邑户如前。及太子恂废，冲罢少傅。

高祖引见公卿于清徽堂，高祖曰：『圣人之大宝，惟位与功，是以功成作乐，治定制礼。今徙极中天，创居嵩洛，虽大构未成，要自条纪略举。但南有未宾之竖，兼凶蛮密迩，朕夙夜怅惋，良在于兹。取南之计决矣，朕行之谋必矣。

若依近代也，则天子下帷深宫之内；准上古也，则有亲行，祚延七百。魏晋不征，旋踵而殒，祚之修短，在德不在征。今但以行期未知早晚。知几其神乎，朕既非神，焉能知也。而顷来阴阳卜术之士，咸劝朕今征必克。此既家国大事，宜共君臣各尽所见，不得以朕先言，便致依违，退有同异。』冲对曰：『夫征战之法，先之人事，然后卜筮，今卜筮虽吉，犹恐人事未备。今年秋稔，有损常实，又京师始迁，众业未定，加之征战，以为未可。宜至来秋。』高祖曰：『仆射之言，非为不合。朕意之所虑，乃有社稷之忧。然咫尺寇戎，无宜自安，理须如此。仆射言人事未从，亦不必如此。朕去十七年，拥二十万众，行不出畿甸，此人事之盛，而非天时。往年乘机，天时乃可，而阙人事，又致不捷。若待人事备，复非天时，若之何？加仆射之言，便终无征理。朕若秋行无克捷，三君子并付司寇。不可不人尽其心。』罢议而出。

后世宗为太子，高祖宴于清徽堂。高祖曰：『皇储所以纂历三才，光昭七祖，斯乃亿兆咸悦，天人同泰，故延卿就此一宴，以畅忻情。』高祖又曰：『天地之道，一盈一虚，岂有常泰。天道犹尔，况人事乎？故有升有黜，自古而然。悼往欣今，良用深叹。』冲对曰：『东晖承储，苍生咸幸。但臣前忝师傅，弗能弼谐，仰惭天日，慈造宽含，得预此宴，庆愧交深。』高祖曰：『朕尚弗能革其昏，师傅何劳愧谢也。』

后尚书疑元拔、穆泰罪事，冲奏曰：『前彭城镇将元拔与穆泰同逆，养子降寿宜从拔罪。而太尉、咸阳王禧等，以为律文养子而为罪，父及兄弟不知情者不坐。谨审律意，以养子于父非天性，于兄弟非同气，敦薄既差，故刑典有降，是以养子虽为罪，而父兄不预。然父兄为罪，养子不知谋，易地均情，岂独从戮乎？理固不然。臣以为：依据律文，不追戮于所生，则从坐于所养，明矣。又律惟言父不从子，不称子不从父，当是优尊厉卑之义。臣禧等以为：「律虽不正见，互文起制，于乞也举父之罪，于养也见子坐，是为互起。互起两明，无罪必矣。若以嫡继，养与生同，则父子宜均，只明不坐。且继养之法云：若有别制，不同此律。又令文云：诸有封爵，若无亲子，及其身卒，虽有养继，国除不袭。是为有福不及己，有罪便预坐。均事等情，律令之意，便相矛盾。伏度律旨，必不然也。」臣冲以为：

指例条寻，罪有无疑，准令语情，颇亦同式。』诏曰：『仆射之议，据律明矣，太尉等论，于典矫也。养所以从戮者，缘其已免所生，故不得复甄于所养。此独何福，长处吞舟？于国所以不袭者，重列爵，特立制，因天之所绝，推而除之耳，岂复报对刑赏？于斯则应死，可特原之。』

冲机敏有巧思，北京明堂、圆丘、太庙，及洛都初基，安处郊兆，新起堂寝，皆资于冲。勤志强力，孜孜无怠，旦理文簿，兼营匠制，几案盈积，剞劂在手，终不劳厌也。然显贵门族，务益六姻，兄弟子侄，皆有爵官，一家岁禄，万匹有余，是其亲者，虽复痴聋，无不超越官次。时论亦以此少之。

年才四十，而鬓发班白，姿貌丰美，未有衰状。李彪之入京也，孤微寡援，而自立不群，以冲好士，倾心宗附。冲亦重其器学，礼而纳焉，每言之于高祖，公私共相援益。及彪为中尉、兼尚书，为高祖知待，便请非复藉冲，而更相轻背，惟公坐敛袂而已，无复宗敬之意也。冲颇衔之。后高祖南征，冲与吏部尚书、任城王澄并以彪倨傲无礼，遂禁止之。奏其罪状，冲手自作，家人不知，辞甚激切，因以自劾。高祖览其表，叹怅者久之，既而曰：『道固可谓溢也，仆射亦为满矣。』冲时震怒，数数责彪前后愆悖，瞋目大呼，投折几案。尽收御史，皆泥首面缚，詈辱肆口。冲素性温柔，而一旦暴恚，遂发病荒悸，言语乱错，犹扼腕叫詈，称李彪小人。医药所不能疗，或谓肝藏伤裂。旬有余日而卒，时年四十九。高祖为举哀于悬瓠，发声悲泣，不能自胜。诏曰：『冲贞和资性，德义树身，训业自家，道素形国。太和之始，朕在弱龄，早委机密，实康时务。鸿渐瀍洛，朝选开清，升冠端右，惟允出纳。忠肃柔明，足敷睿范，仁恭信惠，有结民心。可谓国之贤也，朝之望也。方升宠秩，以旌功旧，奄致丧逝，悲痛于怀。既留勤应陟，兼良宿宜褒，可赠司空公，给东园秘器、朝服一具、衣一袭，赠钱三十万、布五百匹、蜡二百斤。』有司奏谥曰文穆。葬于覆舟山，近杜预冢，高祖之意也。后车驾自邺还洛，路经冲墓，左右以闻，高祖卧疾望坟，掩泣久之。诏曰：『司空文穆公，德为时宗，勋简朕心，不幸徂逝，托坟邙岭，旋銮覆舟，躬睇茔域，悲仁恻旧，有恸朕衷。可遣太牢之祭，以申吾怀。』及与留京百官相见，皆叙冲亡没之故，言及流泪。高祖得留台启，知冲患状，谓右卫宋弁曰：『仆射执我枢衡，总厘朝务，清俭居躬，知宠已久。朕以仁明忠雅，委以台司之寄，使我出境无后顾之忧，一朝忽有此患，朕甚怀怆慨。』其相痛惜如此。

冲兄弟六人，四母所出，颇相忿阋。及冲之贵，封禄恩赐皆以共之，内外辑睦。父亡后同居二十余年，至洛乃别第宅，更相友爱，久无间然。皆冲之德也。始冲之见私宠也，兄子韶恒有忧色，虑致倾败。后荣名日显，稍乃自安。而冲明目当官，图为己任，自始迄终，无所避屈。其体时推运，皆此类也。子延寔等，语在《外戚传》。

【译文】

李冲，字思顺，陇西人，敦煌公李宝最小的儿子。他很小的时候双亲就去世了，受到大哥荥阳太守李承的抚养教导。李承常说：『这小家伙才能气度非同凡响，将成为我们家族的依靠。』李冲深沉儒雅，器量远大，他哥赴任，李冲随兄到任所。当时刺史太守的子弟们大都骚扰老百姓，有巧取豪夺的行为，只有李冲和李承的长子李韶极其清白，不向百姓索取财物，当时人都称赞他们。

显祖献文帝拓跋弘末年，李冲做中书学生。他善于同朋友们相处，不随便开玩笑或说不正经的事，同辈人都尊重他。高祖孝文帝拓跋宏即帝位初年，按惯例升李冲为秘书中散，掌管宫中文书事务，因为他行为严谨，做事机敏，逐渐受到宠信。升任内秘书令、南部给事中。

先前没有设置党、里、邻三长，只有宗主督护制度，因此百姓被豪族隐庇，户籍不实，五十家或三十家才立一个户头。李冲认为通过三正管理人户，历史已经很长了，因此创定三长制，把它上奏给执政者。文明太后看了过后，认为不错，把李冲介绍给公卿大臣们来共同商量这件事。中书令郑羲、秘书令高祐等人说：『李冲之所以请求设立三长，是想统一天下法令，这说起来似乎可以采纳，但实际上难以推行。』郑羲又说：『不相信我的话，那就试试看，等事情失败之后，会知道我的话没错。』太尉元丕说：『我认为这一法令若能推行下去，对公对私都有好处。』他们都说现在正是农活忙的月份，如果清查登记户口，新迁户和原住户都没有区别，老百姓一定会因烦扰而生怨气，请求等这个秋天过后，到冬天没农活的月份，再慢慢派人推行，比较合适。李冲说：『所谓民，就是冥，可以让他们怎样做，不可以让他们知道为什么要那样做。假如不趁征发租税的时候设置三长，百姓只知道设立三长清查户口烦人，看不到平均徭役、减少赋敛的好处，心里定会有怨气。应当趁收取租税的月份进行，使百姓知道这将有平摊赋税的好处，他们既知道置三长的事，又因此获得好处，利用百姓的愿望，就容易推行。』著作郎傅思益上前说：『古今民俗不同，事情做起来危险和容易也不一样。如今将民户分为九等而征收赋税，已经实行很久了，一下子要加以改变，恐怕会发生动乱。』文明太后说：『设立三长，租税徭役就有一定标准，隐匿的人口就可以清查出来，侥幸逃避的人也将停止，有什么不可以的？』大家意见虽仍不一致，但只不过认为变法实行起来不容易，更没有其他反对的说法。于是便设置三长，公家和老百姓都称道这样方便。

李冲升任中书令，加官散骑常侍，南部给事中一职仍保留。不久转任南部尚书，被赐以顺阳侯的爵位。李冲受到文明太后的宠爱，日甚一日，赏赐的财物每月达数千万钱之多，晋其爵为陇西公，暗中把珍宝及皇帝所用之物送往他的家中，外面的人无从知道这些事。李冲家一直清贫，这时才开始成为富家。但他做事谦虚，并以此自我约束，把积蓄的财物分散给别人，从姻亲同族到同乡同里的人，都得到他的施舍。他虚己待人，留心照顾漂泊贫寒之士，门第衰落的家族及沦落的士人通过他而得到升迁的为数不少。当时人都为此称赞他。

起先，李冲的哥哥李佐与河南太守来崇一起从凉州来到魏都城，他们俩平时有小矛盾，李佐因一次机会使来崇获罪，来崇饿死于监狱中。其后来崇之子来护又举报李佐犯有贪污罪，李佐与李冲等人均被逮捕入狱，碰到大赦，才免除罪罚，李佐因而痛恨来护。等到李冲受宠尊贵，执掌内外大权，来护为尚书南部郎，非常担心会被李冲陷害，多次请求免官退避，但李冲总是安慰他。来护后来犯了贪污罪，担心自己一定不能免死。李冲于是将自己与来护间的隔阂原原本本地向上做了报告，请求宽恕来护，来护因此没被判刑。李冲的从甥阴始孙自幼父母双亡，家又穷，常到李冲家去，有如李冲的子侄一样。有人想做官，通过阴始孙向李冲送了一匹马，始孙把马接下，却没向李冲说起这事。后来李冲要乘马方便，阴始孙把这匹马借给李冲，送马的人看到李冲骑着自己送的马，而自己却没有得到官位。后来送马人便自己把事情始末经过给李冲讲了。李冲听说这事后，大吃一惊，把始孙逮捕起来，写成自首状报告朝廷，始孙被判处死刑。李冲身居要职，却严格要求自己，不照顾亲近的人，也不报复旧仇，都像这类情况。

这时还按旧规矩，王公重臣都直呼其名，只有高祖孝文帝常把李冲称作『中书』而不叫他的名字。文明太后逝世后，高祖在守丧期间接见李冲，比先前更为频繁。议定礼仪和律令制度，遣词造句、修改及决定令文的轻重，虽都是高祖亲自动手写定，但没哪一项不是询问李冲后再做决定的。李冲竭尽忠诚，侍奉孝文帝，凡他知道对国家有利的事，都尽心尽力去做，无论是在官府还是在自己家中，都为国事忧心操劳，从他的举止行动就可以看出来。就算朝中的老臣和皇亲国戚，也比不上他，无不佩服他做事明白果断又审慎细致，大家都很相信他。于是所有魏国人及他国来魏使节，都把他看成奇才。高祖对他也极依赖信任，亲敬有加，君臣二人之间的情义，没有谁能比得上。后来重新设置各级官员，创置五等封爵制度，都因李冲参与制定法令条例，而封他为荥阳郡开国侯，食邑八百户，并任命他为廷尉卿。不久又升任侍中、吏部尚书、咸阳王师。设立太子后，又任他为太子少傅。高祖开始根据《周礼》，于后宫设置夫人、九嫔等，以李冲的女儿充作夫人。

孝文帝发布诏书说：『先前轩辕黄帝统治臣民时，开始建造房舍；到了夏、商、周三代君主，便兴建宫殿，茅草盖屋，夯土成阶，显示了上古君主的德行；而高楼大厦也体现了中世帝王的威风。这确实因为文采和质朴适应于不同时代，繁华和朴素代表着不同的礼仪制度。所以周成王继承王业后，在东都洛阳修造明堂；汉高祖刚夺得天下，便于咸阳修建未央宫。这是为了尊崇皇帝的威严，使皇帝的品德更为崇高伟大，哪里是因为他们喜欢奢侈、厌恶俭朴而剥夺民力呢？今我皇朝先代承天运命，开创大业，一心开拓疆土，来不及搞建设，使宫室规模不能令人满意。太祖开创基业之初，虽曾按古制修建了一些，但那以后，又经过多次重新改建。以至于正月朝会，各国使臣齐集的时候，不能向他们显示我国的气派。我德行不高，辱承祖宗大业，恰好遇到国家昌盛的时期，应遵循先代圣王的制度，建造宫室。有关指导思想和规划，早已讲得很明白了；明堂、太庙都已在去年建成。现在我又想利用去年留下来的丰富的财物，趁百姓安定闲适的时机，在今年春天改建正殿。这违反了季节，做起来也让人有些提心吊胆的，但北方寒冷天气多，和南方中原的情况不一样，如果不从春天开工，到夏天完成，那么宏大的宫殿将永远不可能建成。要把事情做好，只有委仗贤才；改变制度，设计规划，也只有能人可胜任。尚书李冲才干超群，胸怀远大，可代理将作大匠；司空、长乐公穆亮，可与将作大匠一起监察修筑之事。至于怎样以新制代替旧制及太极殿的修建规划，我会另外给你们指示。』

孝文帝亲自率军南伐萧齐，加授李冲辅国大将军，让他带一支部队跟随大军以相策应。从平城出发直到抵达洛阳，阴雨连绵，没一个晴天，孝文帝在洛阳又下令大军开拔。他全副武装，手执马鞭，骑马将出军营，群臣都在他马前跪下叩头。孝文帝说：『我早就制订好了长驱直入的计划，现在大军将继续前进，你们还要说些什么？』李冲走到前面说：『我们臣下不能通过决策帷幄使陛下安居，四海臣服，而让南方还存在僭称皇帝的罪魁，这确实是我们的罪责。陛下因天下仍未统一，亲自率军前往，我们实在想过要舍身忘命，在战场上拼死尽力。但是从离开都城以来，长期下雨不止，战士和马匹都极其疲倦，而前边的道路还很遥远，水势正在上涨，而且在洛阳这儿，小小雨水已使大军难以行动，何况南边还有波涛汹涌的长江。假若要造船只，必定得让大军停留等待，那样会使军队士气低落，给养缺乏，进退两难。考虑到有失败的危险而退军，从道理上讲这才是合理的选择。』高祖说：『我要统一天下的想法，先前已给你们详细地讲过了。现在你们只不过因雨水便感到为难。但时令是可以预知的，怎么说呢？夏天既然炎热大旱，秋天雨水必然会多，初冬之时，一定会有晴朗天气。等到十月间，如雨还是下个不停，那就只好说是天意如此了，假如那时会晴，那么现在进军就没有什么害处。古人不趁人有丧事而发动进攻，讲的是统一政权下诸侯国家之间的事，不是指帝王发动的统一战争。现在事情已经到了这一步，哪能中途停止呢。』李冲又向前说：『这次举兵，天下的人都不愿发生，只有陛下想这样做。汉文帝曾说过：「我一个人就算骑了一匹千里马，又能走到哪儿去呢？」我的想法未能用语言表达出来，只好斗胆以生命请求退军。』孝文帝大怒说：『我正打算经略天下，实现统一，你们这帮儒生多次使此大计不能贯彻执行。按照常轨，你们是应受刑罚的，你不要再说了！』说完就要骑马出去。于是大司马、安定王拓跋休，兼左仆射，任城王拓跋澄等人都哭着不停地谏阻。孝文帝于是告诉群臣说：『这次行动声势不小，如果有行动而无成就，怎能给后代做出表率？如果就此班师回平城，就不能扬声誉于千载以后了。我想我们先祖，本来居住在极遥远的大漠，后违背众人意愿向南迁徙，给子孙后代留下无穷无尽的好处。难道是他没有恋念故土之情，而轻易地抛弃祖先的坟墓和家乡，而只有今天的有德行的人才有这种情感吗？应当说这是上天的职责要通过人才能完成，帝王大业须有所成就的缘故啊。如今如不继续向南进发，就应把都城迁到这儿，定都于大地正中央，现在正是大好时机，王公们认为如何？谋议决定以后，就不得改变了。愿意迁都的站在左边去，不愿的站到右边。』安定王拓跋休等一同站到了右边。曾做过南安王的拓跋桢走向前说：『愚昧的人对已经做成的事情还理解不了，而聪明人在事情还未起因时便能有所觉察。推行大德的人不会和常人商议，要成就大功大业的人就不能和众人谋划。只有不一般的人才能做不一般的事。开拓皇都使帝王之业更为久长，于大地正中营建京城，周公先前曾这样做过，现在陛下您又如此行事，所以本就应该这样。而且天下最重要的莫过于京都，人所最贵重的莫过于父母恩赐的身体，请陛下善自保重，以使天下百姓放心，迁都中原，停止南伐。这是我们的由衷之言，也是天下苍生的幸事。』群臣都齐声高呼『万岁』。

高祖孝文帝开始计划迁都到南边时，怕大家心里依恋旧都，便表示要大举进攻南方，以此相威胁，好让大家取得一致，名义上虽说是南伐，实际上是向南迁都。贵族们依恋北方，很不情愿，但又怕对南方作战，才没有人表示反对，于是定都于洛阳。李冲对高祖说：『陛下将效仿周公，于成周洛阳营建都城，但您总不能到处奔走等皇宫建成，也不可能在马背上等城郭完工，希望陛下暂时回到北都平城，命令臣下营建新都，等事情完全做好后，再找个时间，堂而皇之地南迁中原，统治天下。』高祖说：『我将巡察四方，到邺城稍作停留，等开春后便回到平城，不可能就此不再回去。』不久任命李冲为镇南将军，侍中、太子少傅等官仍保留，委以建造新都的重任。改其封爵为阳平郡开国侯，食邑户数如先前一样。

孝文帝又亲自率军南伐萧齐，让李冲兼任尚书左仆射，留守洛阳。孝文帝率军渡过淮河，又命令安南大将军元英、平南将军刘藻进攻汉中，并命征发雍、泾、岐三州地方兵共六千人，准备去南郑设防，等元英攻下南郑后就派他们前往。李冲打报告谏阻说：『秦州地势险峻，又接近羌族居住区，自从西面出军以后，转运军饷，增派援军，接连不断，再加上氐人叛乱，西方各州百姓奔走应命，或运送军粮，或裹甲从征，至今仍未停息。现在又预先征发士兵，打算把他们派到秦岭以南的地方去，虽然让他们优免赋税，但我还是担心这会引起他们的恐惧，假如南郑最后攻不下，徒然使民心骚动，若他们联合各少数族起事，事情就难以预料。依照陛下下密令给各州刺史，让他们在大军确已攻克南郑后，才征发士卒加以派遣，就我个人看来，这还是不够的。为什么呢？西边道路险阻，羊肠小道逶迤千里，如今要在远离我方边界的地方，在群敌环伺的情况下孤城独守，若遭敌方进攻，不能立即增援，粮食耗尽又不能运去。古人说过：「虽鞭之长，不及马腹」，南郑对我国来说，可说得上是马腹。而且古人发动战争，有时攻克敌方城池也不防守；仁德的君主指挥军队，有时只是为了安抚百姓而不是为了夺取土地。况且陛下举兵，究其本心是要救百姓于水火；而敌人固守，本意在于爱惜土地，比较两种用兵的意义，所显示的德行就有深浅不同。我军好名声已传得很远，又何必忙于争夺一座城池呢？况且魏国疆域，于古代九州已超过八个，所统治的人民，占天下十分之九，还未臣服的，只有漠北和长江以南的人了。要不了多久就会让他们驯服，现在又何必操之过急呢？应等我国边界进一步扩展，攻占敌方更多的城池堡垒，聚积更多的财富粮食，使军粮充足，即使受到敌方的长期进攻也能支持得住，然后再设置机构，委派将领，准备全部消灭敌人。现在敌方钟离、寿阳二城接近我方边境，还未攻下，赭城、新野距洛阳没几步路，也没降服。我军攻下的城池放弃不加驻守，俘获的人员安抚之后旋加杀戮。东边较近的军队还不能坚守，难道调西边远方的兵卒来就可固守？如果真的要置兵防守，我担心最终也会送给敌人。现在定都中原，接近敌境，正须大力招募敢死之士，平定江南。如果轻率地派出势力弱小的部队，等于抛弃他们，使他们落入敌手，恐怕往后有什么行动，大家都会害怕留守，要让他们舍身效力，就非轻易能得了。从此点来说，不戍守南郑为上策。』高祖听从了他的意见。

孝文帝回到都城，接见李冲等人，对他们说：『原先设置官员很多，这是担心尚书令、尚书仆射如果是昏庸懦弱的，则会使政事延误；如果是聪明能干的，又怕会出现权势过度集中的现象。现在我虽说不上是聪明的君主，也不能就算昏庸无才，你们说不上是大贤，也不能说成是大恶。姑且再等一两年，便可以精简机构。』

高祖从邺城回到京城洛阳，在洪池里荡舟时，不慌不忙地对李冲说：『我想从这儿凿条水道通向洛水，到南伐的时候，不就可以乘船从这儿到洛水，从洛水进入黄河，从黄河进入汴河，从汴河进入清水，再从清水进入淮河了吗？一下船就可战斗，好比出家门而对敌，这是国家的军事战略。今后如有需人在两万以下，六十天内便能修好的渠道，就应该逐渐修造。』李冲回答说：『如果那样的话，士兵们就不会受长途跋涉的劳苦，打起仗来一个顶俩。』李冲升任尚书仆射，仍代理太子少傅。改其爵位为清渊县开国侯，食邑户数与先前一样。后太子拓跋恂被废黜，李冲被免去太子少傅。

孝文帝在清徽堂接见公卿，对他们说：『圣人最重要的事物是帝位和功业，所以功业成就后便制作音乐，政治安定便制定礼仪。现在我们徙都中原，在洛阳再创帝都，虽然宏大的规划还未全部完成，但总的来说，大的方面已基本做成。但是南方还未降服，而且其他与强悍的少数民族接近，我经常彻夜未眠，想的就是这件事。我征服南方的决心已下定，进攻的谋略也已做出。若按近代例子，天子是深居宫中不出的，若仿照上古的例子，天子就要亲自率军出征。周武王东征灭商，为后代开创了七百年的基业；魏、晋的君主不亲自出征，结果很快就灭亡了。因此，国运长短，取决于君主的德行，而不在于打不打仗。现在只是不知是早些行动好，还是晚一些行动好。能知道的大概也只有神仙了，我既然不是神仙，当然不可能知道。不过近来阴阳占卜方术之士都劝我，说今年出征一定能成功。

这既然是国家的大事，我们君臣应该在一起各抒己见，不要因为我发了话，你们便顺从我，过后又有不同看法。』李冲回答说：『决定打不打仗的方法，应当先分析人事，然后再参考占卜的结果，如今占卜说出军吉利，我还是担心人事还不周全。今年秋收，比往年要差一些，再加上刚迁都，百姓家业还未奠定，又让他们出征，我认为不行。应该等到明年秋天再说。』孝文帝说：『仆射的话不是没有道理。我所考虑的事，是国家的兴亡大事。敌人就在我们身边，不可能安居，道理上就是这样。仆射说人事不顺当，也不一定就如此。我于太和十七年率二十万大军出征，未到达边境便回来了，这主要是人事上的决定，与天时无关。去年又乘有利时机出兵，天时是有了，但人事不足，使此次行动又未能成功。假使等人事周全后，又与天时不合，该怎么办呢？像仆射所说的那样做，便永远不能出征。我若秋天出军不能大获全胜，将把你们拿来问罪。你们一定得人人尽心尽力。』于是宣告议论结束，大家走出清徽堂。

后来世宗元恪被立为太子，孝文帝在清徽堂设宴庆贺。孝文帝说：『设立皇太子，是准备让他继承帝位，协调天地与世人，光大祖宗的事业，这是亿万人民为之高兴，普天同乐的事。所以我把你叫来参加宴聚，共叙欢欣喜悦的心情。』孝文帝又说：『天地的法则，时圆时缺，哪能一直完美呢？天道尚且如此，又何况人事呢？所以有人被提升，就会有人遭贬黜，自古以来就是如此。我为先前的事感到难过，又为今天的事感到欣喜，这真让人感叹不已啊。』李冲回答说：『复置皇太子，如朝日东升，天下百姓都深感万幸。只是先前我忝为废太子的师傅，不能很好地辅导他，有愧陛下托付，陛下宽宏大量，让我参加这个宴会，我真是又高兴、又羞愧。』孝文帝说：『我作为父亲还不能阻止他胡作非为，你作为师傅又哪用得着惭愧道歉呢。』

后来尚书们在对元拔、穆泰等人定罪上发生疑问。李冲上奏说：『前彭城镇将元拔与穆泰一起谋反，元拔养子元降寿应该同元拔一起问罪。可是太尉、咸阳王元禧等却认为，法律条文上说养子犯罪，其养父及兄弟不知内情者不连坐。谨按法律条文本意，是说养子与养父之间没有天然的联系，与兄弟之间没有血缘关系，情义既有差别，所以刑法上对其处罚也相应减轻，故养子虽犯了罪，其养父与兄弟不受牵连。那么如果养父和兄弟们犯了罪，养子不知道他们的预谋，关系倒过来，情形还是一样，怎能独在这种情况下而让养子从坐呢？从道理讲不应这样。我认为：按照法律条文，养子犯罪，其生身之父不受株连，那么很明显，他的养父就应该连坐；而且，法律上只说养父可不因养子有罪而获罪；而没有说养父有罪，养子可以不连坐，法律这种规定应是取对尊长优待而对晚辈严厉之义。臣下元禧等认为：「法律上未见明文规定，但这是条例互见的原则，在有关收继的条目下列举养父犯罪时的惩罚办法，在有关养育条目下又列举养子犯罪时的惩罚办法，这就叫所谓互起。而律文中互起两项规定都清楚明了，养子肯定可宣判无罪。假如以嫡子身份继承爵位，养子与亲生之子一样对待，那么养父养子应相互连坐，而这一点也可证明养子可以不因养父有罪而受株连。况且继养的律令条文下的注文说：如果皇上有特别命令，可以不按此律文行事。又令文说：有封爵的人，如果没有亲生儿子，自身死亡之后，其封爵作废，不再由养子继承。这就是说养子有好事赶不上，有罪责逃不了。情形差不多，可是律令条文就自相矛盾了。我们想法律的本意，一定不会是这样的。」臣下李冲认为：根据案例和法律条文，元降寿当连坐无疑，从令文说到据情节定罪，也应该如此。』孝文帝发布诏令说：『仆射的议论，很明显是有法律根据的，太尉等人的议论，则违背了法典本意。养子之所以要与养父连坐，是因他既可不因生父有罪而受株连，所以不能再免去因养父而所获之罪。要不养子就太有福气了，使他可以长逃法网！养子之所以不能继承养父的爵位，目的是要使爵位受到尊重，所以特别立下规定，趁上天绝其后代，顺势除其封爵罢了，哪能因此而免除其罪罚？元降寿应连坐而死，但可特此赦免他。』

李冲机敏而富有创造性思维，平城的明堂、圆丘、太庙等建筑物以及洛阳划定基址、设置郊庙之地、宫殿建筑等事，都由李冲操办。他矢志勤勉，尽力为公，孜孜不倦，一大早便起来处理文件，并兼掌都城营建的工作，案头文书总是堆得满满的，他审阅批驳，始终不感到劳累厌倦。但他致力于使自己的家族显贵于世，并给自己的亲戚谋求好处，他的兄弟和儿子侄儿们都做了官、封了爵位，一家人每年俸禄收入有一万多匹绢布，只要与他有亲戚关系，不管是呆是聋，无不越级提升。当时人们谈起来，也因此而轻视他。

李冲才四十岁时，两鬓头发就花白了，但他相貌堂堂，没有衰老的迹象。李彪刚到京城来的时候，独自一人，没有名声，又没有朋友援助，却能保持操守，不随流俗，因李冲喜欢招徕士人，便全心依附于他。李冲也看重李彪的才干学识，对他以礼相待，常在孝文帝面前谈到他，在公事和私事方面都给予帮助。后李彪任御史中尉，兼任度支尚书，被孝文帝熟识并受到亲信，便认为自己并不是凭借李冲才走到这一步，而且轻视李冲，与他发生矛盾。两人在大庭广众见面，李彪只整理一下衣袖算是向李冲表示敬意而已，不再依附尊崇他。李冲为此很恨李彪。后来孝文帝率军南征，李冲与吏部尚书任城王元澄都认为李彪傲慢无礼，把他看押起来。向孝文帝奏说李彪的罪状，奏章是李冲亲自写的，家里人都不知道这事，奏文中言辞激动，并承认自己因推荐李彪也有罪责。孝文帝读完奏章以后，叹息不快了很久，好一会儿才说：『李彪可说是太不检点了，仆射的行为也过分啊！』李冲当时极为愤怒，反复指责李彪历来所犯错误和无礼行为，并瞪着眼睛大声呵斥，把案桌都摔坏了。他还让人把御史们都抓起来，在他们头上涂上泥巴表示有罪，并把他们的双手绑在胸前，对他们破口大骂。李冲平常性情很温和，可是这次突发狂怒，因此生病，神经错乱，胡言乱语，仍紧握双手，大声痛骂，称李彪为小人，吃药也没效果，有人说这是肝脏碎裂所致。过了十多天以后，李冲便死了，当时才四十九岁。孝文帝在悬瓠为他发丧，悲痛得哭出声来。于是发布诏令说：『李冲生性坚贞温和，以德义塑造自己，受到家庭的良好教养，节俭朴素，对全国都发生影响。太和初年，我年龄很小，把国家机密大事委托给他，而他把政事都处理得很完美。后来迁都洛阳，朝廷选举区别清流，他官任群臣之首，掌管诏令出纳。他忠诚严谨、文雅聪明，是群臣的好榜样。他仁慈恭敬、取信于民，为他们谋福利，受到人民的衷心爱戴。他可以说是国家的贤臣，朝廷的期望。正准备给他更丰厚的俸禄，以表彰他的功勋的时候，他却忽然间离我们而去，使我内心十分悲痛。他留守辛勤，本应加赏，而且是朝中老臣，更应褒奖，可赠他司空公，送棺椁及朝服一套、上衣一件，赠送他家钱三十万、布五百匹、蜡二百斤。』给李冲『文穆』的谥号。安葬在覆舟山上，坟墓靠近杜预的坟墓，这是孝文帝的主意。后来孝文帝从邺城返回洛阳，途经李冲的墓旁，左右侍臣把这事给他说了，孝文帝当时卧病不起，还是前往探望，伤心地哭了很久。下诏说：『司空文穆公德行为当今第一，其功勋我永远也不会忘记，他不幸去世，在邙岭的坟墓中安身，我回程路过覆舟山，亲自来察看他的坟墓，悲仁人早去，伤昔日情谊，使我内心悲恸不已。可用太牢的礼仪祭祀他，以此表示我的心怀。』后来他与京城留守的大臣们见面，都谈到李冲死亡的情况，一说就流眼泪。当初孝文帝收到留台送来的报告，知道李冲的病情，对右卫将军宋弁说：『仆射执掌国家大权，总管朝廷政务，他廉洁俭朴，事必躬亲，我很早就了解他，信任他。我正因为他仁慈聪明，忠诚正直，把政府各部门都交给他，使我率军进攻敌人时没有后顾之忧，现在他忽然得了这种病，我深感悲叹。』他如此为李冲痛惜。

李冲兄弟共有六人，是四个母亲生的，相互间很不和气。后来李冲尊贵以后，封邑收入与俸禄及受到的赏赐都同兄弟们一起分享，家里家外都很和睦。父亲死了以后，兄弟们一起住了二十多年，到洛阳后才分家而居，但更加友爱，很长时间都没矛盾，这都是李冲德行所致啊！当初李冲受到文明太后宠爱时，李冲的侄子李韶脸上常有焦虑的表情，怕因此而全家遭祸。后来李冲名声越来越大，李韶才稍稍放心。但李冲本人做官光明正大，一心把自己的事做好，自始至终，都毫不畏缩苟免。他随时运而听命，都是这种情况。李冲的儿子李延寔等，其事迹记载在《外戚传》中。

北齐书

斛律光列传第九

光，字明月，少工骑射，以武艺知名。魏末，从金西征，周文帝长史莫孝晖时在行间，光驰马射中之，因擒于阵，光时年十七。高祖嘉之，即擢为都督。世宗为世子，引为亲信都督，稍迁征虏将军，累加卫将军。武定五年，封永乐县子。尝从世宗于洹桥校猎，见一大鸟，云表飞飏，光引弓射之，正中其颈。此鸟形如车轮，旋转而下，至地乃大雕也。世宗取而观之，深壮异焉。丞相属邢子高见而叹曰：『此射雕手也』。当时传号落雕都督。寻兼左卫将军，晋爵为伯。

齐受禅，加开府仪同三司，别封西安县子。天保三年，从征出塞，光先驱破敌，多斩首虏，并获杂畜。还，除晋州刺史。东有周天柱、新安、牛头三戍，招引亡叛，屡为寇窃。七年，光率步骑五千袭破之，又大破周仪同王敬俊等，获口五百余人，杂畜千余头而还。九年，又率众取周绛川、白马、浍交、翼城等四戍。除朔州刺史。十年，除特进、开府仪同三司。二月，率骑一万讨周开府曹回公，斩之。柏谷城主仪同薛禹生弃城奔遁，遂取文侯镇，立戍置栅而还。乾明元年，除并州刺史。皇建元年，进爵巨鹿郡公。时乐陵王百年为皇太子，肃宗以光世载醇谨，兼著勋王室，纳其长女为太子妃。大宁元年，除尚书右仆射，食中山郡干。二年，除太子太保。河清二年四月，光率步骑二万筑勋掌城于轵关西，仍筑长城二百里，置十三戍。三年正月，周遣将达奚成兴等来寇平阳，诏光率步骑三万御之，兴等闻而退走。光逐北，遂入其境，获二千余口而还。其年三月，迁司徒。四月，率骑北讨突厥，获马千余匹。是年冬，周武帝遣其柱国大司马尉迟迥、齐国公宇文宪，柱国庸国公可叱雄等，众称十万，寇洛阳。光率骑五万驰往赴击，战于邙山，迥等大败。光亲射雄，杀之，斩捕首虏三千余级，迥、宪仅而获免，尽收其甲兵辎重，仍以死者积为京观。世祖幸洛阳，策勋班赏，迁太尉，又封冠军县公。先是世祖命纳光第二女为太子妃，天统元年，拜为皇后。其年，光转大将军。三年六月，父丧去官，其月，诏起光及其弟羡并复前任。秋，除太保，袭爵咸阳王，并袭第一领民酋长，别封武德郡公，徙食赵州干，迁太傅。

十二月，周遣将围洛阳，壅绝粮道。武平元年正月，诏光率步骑三万讨之。军次定陇，周将张掖公宇文桀、中州刺史梁士彦、开府司水大夫梁景兴等又屯鹿庐交道，光擐甲执锐，身先士卒，锋刃才交，桀众大溃，斩首二千余级。直到宜阳，与周齐国公宇文宪、申国公擒跋显敬相对十旬。光置筑统关、丰化二城，以通宜阳之路。军还，行次安邺，宪等众号五万，仍蹑军后。光纵骑击之，宪众大溃，虏其开府宇文英、都督越勤世良、韩延等，又斩首三百余级。宪仍令桀及其大将军中部公梁洛都与景兴、士彦等步骑三万于鹿卢交塞断要路。光与韩贵孙、呼延族、王显等合击，大破之，斩景兴，获马千匹。诏加右丞相，并州刺史。其冬，光又率步骑五万于玉壁筑华谷、龙门二城，与宪、显敬等相持，宪等不敢动。光乃进围定阳，仍筑南汾城，置州以逼之，夷夏万余户并来内附。

二年，率众筑平陇、卫壁、统戎等镇戍十有三所。周柱国枹罕公普屯威、柱国韦孝宽等，步骑万余，来逼平陇，与光战于汾水之北，光大破之，俘斩千计。又封中山郡公，增邑一千户。军还，诏复令率步骑五万出平阳道，攻姚襄、白亭城戍，皆克之，获其城主仪同、大都督等九人，捕虏数千人。又别封长乐郡公。是月，周遣其柱国纥干广略围宜阳。光率步骑五万赴之，大战于城下，乃取周建安等四戍，捕虏千余人而还。军未至邺，敕令便放兵散。光以为军人多有勋功，未得慰劳，若即便散，恩泽不施，乃密通表请使宣旨，军仍且进。朝廷发使迟留，军还，将至紫陌，光仍驻营待使。帝闻光军营已逼，心甚恶之，急令舍人追光入见，然后宣劳散兵。拜光左丞相，又别封清河郡公。

光入，常在朝堂垂帘而坐。祖珽不知，乘马过其前。光怒，谓人曰：『此人乃敢尔！』后珽在内省，言声高慢，光适过，闻之，又怒。珽知光忿，而赂光从奴而问之曰：『相王瞋孝征耶？』曰：『自公用事，相王每夜抱膝叹曰：「盲人入，国必破矣！」』穆提婆求娶光庶女，不许。帝赐提婆晋阳之田，光言于朝曰：『此田，神武帝以来常种禾，饲马数千匹，以拟寇难，今赐提婆，无乃阙军务也？」由是祖、穆积怨。

周将军韦孝宽忌光英勇，乃作谣言，令间谍漏其文于邺，曰『百升飞上天，明月照长安』，又曰『高山不推自崩，槲树不扶自竖』。祖珽因续之曰：『盲眼老公背上下大斧，饶舌老母不得语。』令小儿歌之于路。提婆闻之，以告其母令萱。萱以饶舌，斥已也，盲老公，谓珽也，遂相与协谋，以谣言启帝曰：『斛律累世大将，明月声震关西，丰乐威行突厥，女为皇后，男尚公主，谣言甚可畏也。』帝以问韩长鸾，鸾以为不可，事寝。祖珽又见帝请间，唯何洪珍在侧。帝曰：『前得公启，即欲施行，长鸾以为无此理。』珽未对，洪珍进曰：『若本无意则可，既有此意而不决行，万一泄露如何？』帝曰：『洪珍言是也。』犹豫未决，会丞相府佐封士让密启云：『光前西讨还，敕令放兵散，光令军逼帝京，将行不轨，事不果而止。家藏弩甲，奴僮千数，每遣使丰乐、武都处，阴谋往来。若不早图，恐事不可测。』启云『军逼帝京』，会帝前所疑意，谓何洪珍云：『人心亦大圣，我前疑其欲反，果然。』帝性至怯懦，恐即变发，令洪珍驰召祖珽告之。又恐追光不从命。珽因云：『正尔召之，恐疑不肯入。宜遣使赐其一骏马，语云「明日将往东山游观，王可乘此马同行」，光必来奉谢，因引入执之。』帝如其言。顷之，光至，引入凉风堂，刘桃枝自后拉而杀之，时年五十八。于是下诏称光谋反，今已伏法，其余家口并不须问。寻百发诏，尽灭其族。

光性少言刚急，严于御下，治兵督众，唯仗威刑。版筑之役，鞭挞人士，颇称其暴。自结发从戎，未尝失律，深为邻敌所慑惮。罪既不彰，一旦屠灭，朝野痛惜之。周武帝闻光死，大喜，赦其境内。后入邺，追赠上柱国、崇国公。指诏书曰：『此人若在，朕岂能至邺。』

光有四子。长子武都，历位特进、太子太保、开府仪同三司。梁兖二州刺史。所在并无政绩，唯事聚敛，侵渔百姓。光死，遣使于州斩之。次须达，中护军、开府仪同三司，先光卒。次世雄，开府仪同三司。次恒伽，假仪同三司，并赐死。光小子钟，年数岁，获免，周朝袭封崇国公。隋开皇中卒于骠骑将军。

【译文】

斛律光，字明月，小时候便擅长骑马射箭，因武艺高强而闻名。北魏末年，随父亲斛律金进攻关中，周文帝宇文泰的长史莫孝晖当时参加了战斗，斛律光飞马射中莫孝晖，于是在战场上将他擒获，这时斛律光才十七岁。齐高祖神武帝高欢称赞他，当即提升他为都督。世宗文襄帝被封为世子时，任用他为亲信都督。逐渐升为征虏将军，多次加官至卫将军。东魏孝静帝武定五年，封他为永乐县子。斛律光有一次跟随世宗到洹桥围猎，看见一只大鸟在云端翱翔，斛律光弯弓发箭，正中这只鸟的颈项。这鸟就像车轮一样，旋转着滚落下来，落到地上后才发现是只大雕。世宗拿过雕来观看，深感斛律光勇猛非凡。丞相属邢子高见后感叹道：『这就是射雕的名家啊！』当时这话传开，大家称斛律光为『落雕都督』。不久兼任左卫将军，晋封为永乐县伯。

北齐文宣帝高洋取代东魏孝静帝元善见即皇帝位后，加斛律光开府仪同三司，另封西安县子。天保三年，随文宣帝到塞北进攻突厥，斛律光率军做前锋打败敌人，杀死、俘虏许多敌军，并夺得各种牲畜。退军回来后，朝廷任命他为晋州刺史。晋州东边有北周设置的天柱、新安、牛头三个戍所，它们招亡纳叛，多次侵犯抢掠。天保七年，斛律光率领步兵和骑兵共五千人发动突然袭击，把它们攻下，又大败北周仪同王敬俊等人，俘获五百多人及牲畜一千多头而回。天保九年，他又带军攻下北周绛川、白马、浍交、翼城四个戍所。改任朔州刺史。天保十年，被任命为特进、开府仪同三司。二月，率领一万骑兵进攻北周开府曹回公所部，杀曹回公。北周柏谷城主、仪同薛禹生弃城逃跑，于是斛律光攻下文侯镇，设立戍所建置栅栏后才退军。北齐废帝乾明元年，改任并州刺史。孝昭帝皇建元年，将他的爵位提升为巨鹿郡公。当时乐陵王高百年为皇太子，肃宗因斛律光父子都忠厚谨慎，加上他们有功于朝廷，接纳斛律光的大女儿为皇太子妃。武成帝大宁元年，任命斛律光为尚书右仆射，食中山郡干。大宁二年，任命他为太子太保。河清二年四月，斛律光率领步兵和骑兵二万人在轵关以西修筑起勋掌城，并建造了长达二百里的长城，设置十三个戍所。河清三年正月，北周派将军达奚成兴等人进攻北齐平阳城，朝廷命令斛律光率领步兵和骑兵三万人进行抵御，达奚成兴等人闻讯退逃。斛律光乘势追击，深入北国境内，抓获两千多人而回。这年三月，升任司徒。四月，他率骑兵向北进攻突厥，缴获了一千多匹马。这年冬天，北周武帝宇文邕派他的柱国、大司马尉迟迥与齐国公宇文宪，柱国、庸国公可叱雄等人，号称十万大军，进攻洛阳城。斛律光率领五万骑兵奔驰迎击，在邙山相遇而战，尉迟迥等人大败。斛律光亲自射杀可叱雄，杀死俘获周军三千多人，尉迟迥、宇文宪只来得及自己逃身，斛律光将他们的甲兵和军用物资全部缴获，并把杀死的敌军的尸体堆积成京观。世祖武成帝高湛到洛阳，纪功行赏，提升斛律光为太尉，又封他为冠军县公。事前世祖已经命令接纳斛律光的二女儿为太子妃，天统元年，拜为皇后。当年，斛律光转任大将军。天统三年六月，因为他父亲死了而离任服丧，就在此月，令斛律光和他的弟弟斛律羡官恢复原职。这年秋天，任命斛律光为太保，继承他父亲咸阳王的爵位，并且继承第一领民酋长的官衔，又封他为武德郡公，改食赵州干，升任太傅。

天统三年十二月，北周派将领围攻洛阳，堵绝向洛阳运送粮食的道路。武平元年正月，诏令斛律光率步兵和骑兵三万人向北周军队发起攻击。大军进驻定陇时，北周将领张掖公宇文桀、中州刺史梁士彦与开府、司水大夫梁景兴等又率军屯守鹿卢交，扼守要道。斛律光穿着铠甲，手执利器，身先士卒，两军刚一交战，宇文桀所部便大败而逃，杀敌两千多人。斛律光率军直抵宜阳，与北周齐国公宇文宪、申国公擒跋显敬对垒达一百天。斛律光修建统关、丰化两城，以打通到宜阳的道路。大军退还，路经安邺驻军时，宇文宪等人率军号称五万，仍尾随于后。斛律光放骑兵加以打击，宇文宪的部队溃败，俘获他的部将开府宇文英、都督越勤世良、韩延等人，又杀三百多人。宇文宪又命令他的部将大将军、中部公梁洛都与梁景兴、梁士彦等人率步兵和骑兵三万在鹿卢交堵住斛律光退军的要路。斛律光与韩贵孙、呼延族、王显等人并力进攻，将他们打得大败，杀梁景兴，缴获战马一千匹。朝廷命令加斛律光右丞相、并州刺史等职。这年冬天，斛律光又率领步兵和骑兵五万人在玉壁筑起华谷、龙门两座城池，与宇文宪、擒跋显敬等人对垒，宇文宪等人不敢采取行动。斛律光于是进军围攻定阳，并筑南汾城，设置南汾州以进逼定阳，少数民族与汉人一万多户都归降了北齐。

武平二年，斛律光率军修筑了平陇、卫壁、统戎等十三座镇戍所。北周柱国、枹罕见普屯威和柱国韦孝宽等人率步兵和骑兵一万多人来进攻平陇，与斛律光在汾水北边展开战斗，斛律光将他们打得大败，俘虏、杀死上千敌军。又封他为中山郡公，增加食邑户一千。军队退还后，朝廷又命令他率领步兵和骑兵五万人经平阳，进攻北周姚襄、白亭城戍所。斛律光把它们全部攻了下来，俘获北周城主、仪同、大都督等官员九人，抓获几千人。又另封他为长乐郡公。同月，北周派柱国纥干广略围攻宜阳。斛律光又率领步兵和骑兵五万人奔救，大战于宜阳城下，于是攻占北周建安等四个戍所，俘虏一千多人而回。大军还未抵达邺城，后主命令他就地将部队解散。斛律光认为士兵们大都立有战功，没有得到犒赏，如果马上将他们解散，他们就得不到朝廷的恩赏，于是暗中上表朝廷，请求派使宣布朝廷的意图，大军仍旧向邺城进发。朝廷派使的速度缓慢，大军回到邺城，将抵达紫陌时，斛律光才驻扎下来，等待朝廷的使者。后主听说斛律光的军营已经逼近邺城，心中对他极感厌恶，急忙命令舍人赶快召斛律光入宫觐见，然后才派人慰劳部队，解散士兵。任命斛律光为左丞相，又另封他为清河郡公。

斛律光入朝任左丞相后，有一次在朝堂里挂着帘子坐着。祖珽不知道，骑马从他面前经过。斛律光很生气，对别人说：『这个人竟敢如此！』后来祖珽在宫内，说话时声音既洪亮又缓慢，斛律光正好从那儿经过，听到后，又很愤怒。祖珽知道斛律光怨恨自己，便贿赂斛律光的奴仆，问他说：『相王恨我祖孝征吗？』那人说：『自从您任职以来，相王每晚都要抱着膝头叹息说：「瞎子掌权，国家肯定要灭亡了！」』穆提婆请斛律光把妾生的女儿嫁给他，斛律光不答应。后主把晋阳附近一些土地赏赐给穆提婆，斛律光在朝堂上说：『这些土地，自从神武帝以来一直种植谷物，养马数千匹，以防备祸难，现在赐给穆提婆，岂不是要使军备缺乏吗？』因此祖珽、穆提婆都很恨他。

北周将军韦孝宽忌恨斛律光英勇善战，于是制造谣言，让间谍在邺城把谣言传开，说：『百升飞上天，明月照长安。』又说：『高山不摧自崩，槲树不扶自竖。』祖珽趁机在后面加话说：『盲眼老公背上下大斧，饶舌老母不得语。』

让小孩在路上唱着玩。穆提婆听到后，把这些话告诉他的母亲陆令萱。陆令萱认为饶舌讽刺的是自己，盲老公说的是祖珽，于是相互商定好计策，把谣言告诉后主说：『斛律氏两代人都做大将，斛律光声势震动关西，斛律羡威风传遍突厥，女儿为皇后，儿子娶公主，民谣所讲的话太可怕了。』后主因此询问韩长鸾的意见，韩长鸾认为不能处理斛律光，事情便被搁了下来。祖珽又面见后主，找了一个空子，只有何洪珍在旁边。后主说：『前次听到你的诉说后，我就想做出处置，但韩长鸾认为没有这种可能。』祖珽还没回答，何洪珍进言道：『如果本来就没有这种意图也就算了，既然有了这种意图却不坚决实行，万一泄露出去又该怎么办呢？』后主说：『何洪珍的话有道理啊。』但仍犹豫不决。刚好丞相府佐封士让送来一封密信说：『斛律光上次讨伐关西回军时，陛下命令他解散部队，斛律光却命令军队进逼京城，想发动叛乱，没有做成便停止行动。他家中藏有弓弩铠甲，奴童上千，经常派人到他弟弟幽州刺史斛律羡和长子兖州刺史斛律武都那儿去，相互进行密谋。如果不趁早想办法对付，恐怕会出现意想不到的事。』密信中所说的『军队进逼京城』，正触动了后主先前心中产生的疑虑，便对何洪珍说：『人的心也太神了，我上次怀疑他想谋反，果然如此。』后主生性极其胆小懦弱，害怕斛律光马上就会发生叛乱，命令何洪珍骑马把祖珽叫进宫来，告诉他这一情况。又担心召斛律光进宫时，他不听从命令。祖珽于是说：『就这样去叫他，怕他产生疑心，不肯进宫来。应派人赏赐他一匹骏马，告诉他：「明天我准备到东山游览，咸阳王你可乘这匹马和我一同前往。」斛律光肯定会来道谢，便可以趁机让他进宫来，把他擒获。』后主按他的话行事。过不多久，斛律光就来了，被带入凉风堂，刘桃枝从他背后拉住他，将他杀死，当时他五十八岁。于是后主下诏书称斛律光谋反，现在已经伏法，其他家属一概不追究。不久又下诏书，将斛律光一族人全部杀绝。

斛律光生性不爱讲话，刚猛急躁，对部下很严厉，治理军队，统率部众，只依靠威严和刑罚。修筑长城那次，他竟鞭笞士大夫，大家都说他很残暴。自从年轻时参加军队以后，他从未失利过，邻国的敌军十分畏惧。他的罪行既不明显，一时遭到杀戮，朝野之士都为他感到悲痛惋惜。周武帝听说斛律光死了，极为高兴，大赦全国。后周武帝率军进入邺城，追赠斛律光为上柱国、崇国公。他指着追赠斛律光的诏书说：『如果这个人还活着，我怎么能进入邺城呢。』

斛律光有四个儿子。长子斛律武都，历任特进、太子太保、开府仪同三司、梁兖二州刺史。在哪儿都没有政绩，只知道收敛钱财，盘剥百姓。斛律光死后，朝廷派人到兖州将他杀了。次子斛律须达，官至中护军、开府仪同三司，死在斛律光之前。第三子斛律世雄，官至开府仪同三司；第四子斛律恒伽，假仪同三司，都被赐死。斛律光的小儿子斛律钟，才几岁，免于一死。北周灭掉北齐以后，继承父亲崇国公的封号，隋文帝开皇年间死于骠骑将军任上。

杨愔列传第二十六

杨愔，字遵彦，小名秦王，弘农华阴人。父津，魏时累为司空侍中。愔儿童时，口若不能言，而风度深敏，出入门闾，未尝戏弄。六岁学史书，十一受《诗》《易》，好《左氏春秋》。幼丧母，曾诣舅源子恭。子恭与之饮。问读何书，曰：『诵《诗》。』子恭曰：『诵至《渭阳》未邪。』愔便号泣感噎，子恭亦对之歔欷，遂为之罢酒。子恭后谓津曰：『常谓秦王不甚察慧，从今已后，更欲刮目视之。』愔一门四世同居，家甚隆盛，昆季就学者三十余人。学庭前有柰树，实落地，群儿咸争之，愔颓然独坐。其季父暐适入学馆，见之大用嗟异，顾谓宾客曰：『此儿恬裕，有我家风。』宅内有茂竹，遂为愔于林边别葺一室，命独处其中，常以铜盘具盛馔以饭之。因以督厉诸子曰：『汝辈但如遵彦谨慎，自得竹林别室、铜盘重肉之食。』愔从父兄黄门侍郎昱特相器重，曾谓人曰：『此儿驹齿未落，已是我家龙文。更十岁后，当求之千里外。』昱尝与十余人赋诗，愔一览便诵，无所遗失。及长，能清言，美音制，风神俊悟，容止可观。人士见之，莫不敬异，有识者多以远大许之。

正光中，随父之并州。性既恬默，又好山水，遂入晋阳西悬瓮山读书。孝昌初，津为定州刺史，愔亦随父之职。以军功除羽林监，赐爵魏昌男，不拜。及中山为杜洛周陷，全家被囚絷。未几，洛周灭，又没葛荣，荣欲以女妻之，又逼以伪职。愔乃托疾，密含牛血数合，于众中吐之，仍佯喑不语。荣以为信然，乃止。永安初，还洛，拜通直散骑侍郎，时年十八。元颢入洛，时愔从父兄侃为北中郎将，镇河梁。愔适至侃处，便属乘舆失守，夜至河。侃虽奉迎车驾北渡，而潜欲南奔，愔固谏止之。遂相与扈从达建州。除通直散骑常侍。愔以世故未夷，志在潜退，乃谢病，与友人中直侍郎河间邢邵隐于嵩山。

及庄帝诛尔朱荣，其从兄侃参赞帷幄。朝廷以其父津为并州刺史、北道大行台，愔随之任。有邯郸人杨宽者，求义从出藩，愔请津纳之。俄而孝庄幽崩，愔时适欲还都，行达邯郸，过杨宽家，为宽所执。至相州，见刺史刘诞，以愔名家盛德，甚相哀念，付长史慕容白泽禁止焉。遣队主巩荣贵防禁送都。至安阳亭，愔谓荣贵曰：『仆家世忠臣，输诚魏室，家亡国破，一至于此。虽曰囚虏，复何面目见君父之仇。得自缢于一绳，传首而去，君之惠也。』荣贵深相怜感，遂与俱逃。愔乃投高昂兄弟。

既潜窜累载，属神武至信都，遂投刺辕门。便蒙引见，赞扬兴运，陈诉家祸，言辞哀壮，涕泗横集，神武为之改容。即署行台郎中。大军南攻邺，历杨宽村，宽于马前叩头请罪。愔谓曰：『人不识恩义，盖亦常理，我不恨卿，无假惊怖。』时邺未下，神武命愔作祭天文，燎毕而城陷。由是转大行台右丞。于时霸图草创，军国务广，文檄教令，皆自愔及崔㥄出。遭离家难，以丧礼自居，所食唯盐米而已，哀毁骨立。神武愍之，恒相开慰。及韩陵之战，愔每阵先登，朋僚咸共怪叹曰：『杨氏儒生，今遂为武士，仁者必勇，定非虚论。』

顷之，表请解职还葬。一门之内，赠太师、太傅、丞相、大将军者二人，太尉、录尚书及中书令者三人，仆射、尚书者五人，刺史、太守者二十余人。追荣之盛，古今未之有也。及丧柩进发，吉凶仪卫亘二十余里，会葬者将万人。是日隆冬盛寒，风雪严厚，愔跣步号哭，见者无不哀之。寻征赴晋阳，仍居本职。

愔从兄幼卿为岐州刺史，以直言忤旨见诛。愔闻之悲惧，因哀感发疾，后取急就雁门温汤疗疾。郭秀素害其能，因致书恐之曰：『高王欲送卿于帝所。』仍劝其逃亡。愔遂弃衣冠于水滨若自沉者，变易名姓，自称刘士安，入嵩山，与沙门昙谟徵等屏居削迹。又潜之光州，因东入田横岛，以讲诵为业，海隅之士，谓之刘先生。太守王元景阴佑之。

神武知愔存，遣愔从兄宝猗赍书慰喻，仍遣光州刺史奚思业令搜访，以礼发遣。神武见之悦，除太原公开府司马，转长史，复授大行台右丞，封华阴县侯，迁给事黄门侍郎，妻以庶女。又兼散骑常侍，为聘梁使主。至碻磝戍，州内有愔家旧佛寺，入精庐礼拜，见太傅容像，悲感恸哭，呕血数升，遂发病不成行，舆疾还邺。久之，以本官兼尚书吏部郎中。武定末，以望实之美，超拜吏部尚书，加侍中、卫将军，侍学典选如故。

天保初，以本官领太子少傅，别封阳夏县男。又诏监太史，迁尚书右仆射。尚太原长公主，即魏孝静后也。会有雉集其舍，又拜开府仪同三司、尚书左仆射，改封华山郡公。九年，徙尚书令，又拜特进、骠骑大将军。十年，封开封王。文宣之崩，百僚莫有下泪，愔悲不自胜。济南嗣业，任遇益隆，朝章国命，一人而已，推诚体道，时无异议。乾明元年二月，为孝昭帝所诛，时年五十。天统末，追赠司空。

愔贵公子，早著声誉，风表鉴裁，为朝野所称。家门遇祸，唯有二弟一妹及兄孙女数人，抚养孤幼，慈旨温颜，咸出人表。重义轻财，前后赐与，多散之亲族，群从弟侄十数人，并待而举火。频遭迍厄，冒履艰危，一餐之惠，酬答必重，性命之仇，舍百不问。

典选二十余年，奖擢人伦，以为己任。然取士多以言貌，时致谤言，以为愔之用人，似贫士市瓜，取其大者。愔闻，不屑焉。其聪记强识，半面不忘。每有所召问，或单称姓，或单称名，无有误者。后有选人鲁漫汉，自言猥贱，独不见识。愔曰：『卿前在元子思坊，骑秃尾草驴，经见我不下，以方曲鄣面，我何不识卿？』漫汉惊服。又调之曰：『名以定体，漫汉果自不虚。』又令吏唱人名，误以卢士深为士琛，士深自言。愔曰：『卢郎玉润，所以从玉。』自尚公主后，衣紫罗袍，金缕大带。遇李庶，颇以为耻，谓曰：『我此衣服，都是内裁，既见子将，不能无愧。』

及居端揆，权综机衡，千端万绪，神无滞用。自天保五年已后，一人丧德，维持匡救，实有赖焉。每天子临轩，公卿拜授，施号发令，宣扬诏册。愔辞气温辩，神仪秀发，百僚观听，莫不悚动。自居大位，门绝私交。轻货财，重仁义，前后赏赐，积累巨万，散之九族，架箧之中，唯有书数千卷。太保、平原王隆之与愔邻宅，愔尝见其门外有富胡数人，谓左右曰：『我门前幸无此物。』性周密畏慎，恒若不足，每闻后命，愀然变色。

文宣大渐，以常山、长广二王位地亲逼，深以后事为念。愔与尚书左仆射平秦王归彦、侍中燕子献、黄门侍郎郑子默受遗诏辅政，并以二王威望先重，咸有猜忌之心。初在晋阳，以大行在殡，天子谅闇，议令常山王在东馆，欲奏之事，皆先谘决。二旬而止。仍欲以常山王随梓宫之邺，留长广王镇晋阳。执政复生疑贰，两王又俱从至于邺。

子献立计，欲处太皇太后于北宫，政归皇太后。又自天保八年已来，爵赏多滥，至是，愔先自表解其开府封王，诸叨窃恩荣者皆从黜免。由是嬖宠失职之徒，尽归心二叔。高归彦初虽同德，后寻反动，以疏忌之迹尽告两王。尔朱浑天和又每云：『若不诛二王，少主无自安之理。』宋钦道面奏帝，称二叔威权既重，宜速去之。帝不许曰：『可与令公共详其事。』愔等议出二王为刺史。以帝仁慈，恐不可所奏，乃通启皇太后，具述安危。有宫人李昌仪者，北豫州刺史高仲密之妻，坐仲密事入宫。太后以昌仪宗情，甚相昵爱。太后以启示之，昌仪密启太皇太后。愔等又议不可令二王俱出，乃奏以长广王为大司马、并州刺史，常山王为太师，录尚书事。

及二王拜职，于尚书省大会百僚，愔等并将同赴。子默止之，云：『事不可量，不可轻脱。』愔云：『吾等至诚体国，岂有常山拜职，有不赴之理，何为忽有此虑？』长广旦伏家僮数十人于录尚书后室，仍与席上勋贵数人相知。并与诸勋胄约，行酒至愔等，我各劝双盃，彼必致辞。我一曰『捉酒』，二曰『捉酒』，三曰『何不捉』，尔辈即捉。及宴如之。愔大言曰：『诸王构逆，欲杀忠良邪！尊天子，削诸侯，赤心奉国，未应及此。』常山王欲缓之，长广王曰：『不可。』于是愔及天和、钦道皆被拳杖乱殴击，头面血流，各十人持之。使薛孤延、康买执子默于尚药局。子默曰：『不用智者言，以至于此，岂非命也。』

二叔率高归彦、贺拔仁、斛律金拥愔等唐突入云龙门。见都督叱利骚，招之不进，使骑杀之。开府成休宁拒门，归彦喻之，乃得入。送愔等于御前。长广王及归彦在朱华门外。太皇太后临昭阳殿，太后及帝侧立。常山王以砖叩头，进而言曰：『臣与陛下骨肉相连。杨遵彦等欲擅朝权，威福自己，王公以还，皆重足屏气。共相唇齿，以成乱阶，若不早图，必为宗社之害。臣与湛等为国事重，贺拔仁、斛律金等惜献皇帝基业，共执遵彦等领入宫，未敢刑戮，专辄之失，罪合万死。』帝时默然，领军刘桃枝之徒陛卫，叩刀仰视，帝不睨之。太皇太后令却仗，不肯。又厉声曰：『奴辈即今头落。』乃却。因问杨郎何在。贺拔仁曰：『一目已出。』太皇太后怆然曰：『杨郎何所能，留使不好耶！』乃让帝曰：『此等怀逆，欲杀我二儿，次及我，尔何纵之？』帝犹不能言。太皇太后怒且悲，王公皆泣。太皇太后曰：『岂可使我母子受汉老妪斟酌。』太后拜谢。常山王叩头不止。太皇太后谓帝：『何不安慰尔叔。』帝乃曰：『天子亦不敢与叔惜，岂敢惜此汉辈？但愿乞儿性命，儿自下殿去，此等任叔父处分。』遂皆斩之。长广王以子默昔逸己，作诏书，故先拔其舌，截其手。太皇太后临愔丧，哭曰：『杨郎忠而获罪。』以御金为之一眼，亲内之，曰：『以表我意。』常山王亦悔杀之。先是童谣曰：『白羊头尾秃，羖羺头生角。』又曰『羊羊吃野草，不吃野草远我道，不远打尔脑。』又曰阿么姑祸也，道人姑夫死也。』羊为愔也，『角』文为用刀，『道人』谓废帝小名，太原公主尝作尼，故曰『阿么姑』，愔、子献、天和皆帝姑夫云。于是乃以天子之命下诏罪之，罪止一身，家口不问。寻复簿录五家，王晞固谏，乃各没一房，孩幼兄弟皆除名。

遵彦死，仍以中书令赵彦深代总机务。鸿胪少卿阳休之私谓人曰：『将涉千里，杀骐骥而策蹇驴，可悲之甚。』愔所著诗赋表奏书论甚多，诛后散失，门生鸠集所得者万余言。

【译文】

杨愔，字遵彦，小名叫秦王，弘农郡华阴县人。他的父亲杨津，北魏时官至司空、侍中。杨愔幼年的时候，嘴里似乎说不出什么道理，但风度深沉机敏，家里家外，从未做过什么顽皮的事。他六岁时开始学习历史著作，十一岁时跟老师学习《诗经》《周易》，喜爱《左传》。幼年时母亲便去世了。有一次他去拜访舅舅源子恭，源子恭给他酒喝，问他在读什么书，他回答说：『诵读《诗经》。』源子恭问：『读到《渭阳》篇没有？』顿时号陶大哭，哽咽不已，源子恭也伤心地相对抽噎，酒再也喝不下去了。源子恭事后对杨津说：『以前常说秦王不怎么聪明，从今以后，应当对他刮目相看。』杨愔一家四代人生活在一起，家业极其兴盛，兄弟辈一起读书的就有三十多人。学校院子前面有柰树，果实掉下来时，小孩们都去争抢，他一个人却动也不动地坐在一旁。他的小叔杨玮碰巧到学校来，见到这一情景，大加感叹，认为这种行为很特别，回过头对客人们说：『这孩子安静宽容，具有我们家族的风尚。』住宅里有一片茂密的竹林，于是特为杨愔在竹林边修建一间屋子，让他一个人住，经常用铜盘装着丰盛的食物给他吃。因此督促其他男孩说：『你们只要能像遵彦那样谨慎小心，自然会得到独住的竹林小屋，也会得到铜盘盛的美食。』杨愔堂兄、黄门侍郎杨昱对他特别器重，曾对人说：『这孩子乳齿未脱，已成为我家的龙文名驹，再过十年，必当一跃千里。』杨昱曾与十多个人一起作诗，杨愔看过一遍便能背下来，没有一点遗漏。杨愔成年以后，善于清谈，声音优美，风度超凡脱俗，容貌举止可观。有名望的人见了他，无不敬重惊奇，有见识的人都认为他前途无量。

北魏孝明帝正光年间，杨愔跟随父亲到并州。他性格本就恬淡文静，加上喜欢山水景致，于是到晋阳西面的悬瓮山读书。孝昌初年，杨津转任定州刺史，杨愔又随父到定州任所。因军功被授以羽林监，赐魏昌男的爵位，但没有接受任命和封赐。后中山城被叛乱的杜洛周攻克，杨愔全家都被关押起来。不久，杜洛周灭亡，杨愔又被葛荣所获，葛荣想把女儿嫁给他，又逼他接受自己委任的官职。杨愔便称自己有病，暗中含着几口牛血，在大庭广众中吐出来，并装哑不说话。葛荣认为确实如此，才没强迫他。北魏孝庄帝永安初年，杨愔回到洛阳，被任命为通直散骑侍郎，当时他十八岁。元颢在梁军的保护下进据洛阳，这时杨愔的堂兄杨侃任北中郎将，镇守河梁。杨愔刚到杨侃那儿，便遇到孝庄帝放弃洛阳，夜间来到黄河边上。杨侃虽然迎接孝庄帝一行向北渡过黄河，但暗地里想向南投奔元颢，杨愔坚决加以劝阻。于是两人一起随孝庄帝到达建州。杨愔被任命为通直散骑常侍。杨愔因世道变故还未平息，有志于躲避退隐，于是以有病为名而辞职，与他的朋友中直侍郎河间邢邵到嵩山隐居。

后孝庄帝杀尔朱荣，杨愔的堂兄杨侃参与谋议。朝廷任命杨愔的父亲杨津为并州刺史、北道大行台，杨愔随父到任。有个叫杨宽的邯郸人，请求自备资粮随杨津到并州镇守，杨愔请杨津收纳杨宽。不久孝庄帝被囚禁而死，杨愔当时正好要回都城洛阳，到达邯郸，到杨宽家中拜访，被杨宽拘留。杨宽将他送到相州，见相州刺史刘诞，刘诞因杨愔出身名门，德行卓著，对他很怜惜，让长史慕容白泽把他软禁起来。后派队主巩荣贵把杨愔监送到都城去。到达安阳亭时，杨愔对巩荣贵说：『我家世代都是忠臣，对魏朝忠心耿耿，现在家族散亡，国家破败，竟到这种地步。

我虽说是囚犯，但哪有脸去见君父的仇人。如能让我用一根绳子自杀，你把我的头送去，这就是你给我的恩惠了。』巩荣贵很怜悯他，又为他的话语所感动，便与他一起逃亡。杨愔于是投靠高昂兄弟。

杨愔隐姓埋名地流亡了几年，碰到北齐神武帝高欢率军到信都，于是到营门递呈名片，当即受到接见。杨愔称颂国家中兴，诉说自己家族所遇到的祸难，言语悲痛而有气势，眼泪滚滚而下，神武帝也不禁为他改变仪容。立即委任他为行台郎中。大军向南攻打邺城，途经杨宽居住的村庄，杨宽在杨愔的马前叩头请罪。杨愔对他说：『世上有人不知什么叫恩德道义，这也是很寻常的事，我不恨你，你用不着害怕。』当时邺城还未攻下，神武帝命令杨愔撰写祭天的祭文，刚祭祀完毕，邺城便被攻克。杨愔因此升任大行台右丞。当时神武帝开创大业，军政事务很多，各种文稿都是由杨愔和崔㥄撰写的。杨愔遭受家祸，自行按礼制守丧，只吃加盐的米饭，以致骨瘦如柴。神武帝哀怜他，经常对他进行开导。后在韩陵那次战役中，杨愔每次作战都冲在前面，他的朋友和同僚们都感到奇怪，感叹说：『姓杨的本是儒生，现在竟成了武士，仁德的人必然勇敢，这实在不是一句空话。』

随即，杨愔上表请求解除职务把死难的亲属回乡安葬。一家人中，赠太师、太傅、丞相、大将军的有两人，赠太尉、录尚书事和中书令的有三人，赠尚书仆射、尚书的有五人，赠刺史、太守的达二十多人。追赠仪式之盛大，古今未有。当把棺材送往墓地时，送葬的仪仗绵延二十多里地，前来参加葬礼的将近一万人。那是深冬一个严寒的日子，风雪很猛，杨愔赤着双脚，号哭着送葬，看到这一情景的人没有不伤心的。不久他被召到晋阳，仍旧担任原来的职务。

杨愔堂兄杨幼卿任岐州刺史，因言语正直而违背了齐王高欢的旨意被杀。杨愔听到消息既悲痛又恐惧，因伤感而患病，后请急假到雁门温泉去治疗。郭秀平时就妒忌杨愔的才能，趁机写信恐吓他说：『高王想把你拘拿到魏帝那儿去。』并劝他逃走。杨愔便把自己的衣服和帽子扔在水边，仿佛自己投水自尽了，然后改变姓名，自称叫刘士安，到嵩山，与僧人昙谟征等一起隐居，不与外界联系。又暗中到光州，趁势乘船向东到田横岛，以教书谋生。海边一带的人士称他叫刘先生。太守王元景暗地里保护他。

神武帝知道杨愔还活着，派他的堂兄杨宝猗带着信去安慰并开导他。同时派光州刺史奚思业察访杨愔的踪迹，按礼节将他送到都城。神武帝见了杨愔很高兴，任命他为太原公开府司马，转任太原公开府长史，又任命他为大行台右丞，封华阴县侯，升任给事黄门侍郎，把自己妾所生的女儿嫁给杨愔为妻。后杨愔兼任散骑常侍，担任出使梁朝的使团的负责人。到碻磝戍，聚内有一座杨愔家先前出资修建的佛寺，杨愔到僧堂礼拜，看到父亲杨津的仪像，悲从中来，放声大哭，吐出几升鲜血，于是得病，不能出使，抱病乘车返回邺城。过了很久，以原官兼任尚书吏部郎中。东魏孝静帝武定末年，杨愔因声名和才干都不错，越级提升为吏部尚书，加侍中、卫将军等官职，并像从前一样辅导孝静帝读书和掌管铨选。

北齐文宣帝天保初年，以原任官职兼任太子少傅，另封为阳夏县男。朝廷又命令他管理太史，升任尚书右仆射。娶神武帝女太原长公主，即原魏孝静帝的皇后。恰巧有群雉鸟飞到他家的房顶上，杨愔因此又被任命为开府仪同三司、尚书左仆射，改封为华山郡公。天保九年，升任尚书令，拜为特进、骠骑大将军。天保十年，封为开封王。文宣帝逝世时，百官没有谁掉泪，杨愔却悲痛得支持不住。济南王高殷继帝位后，对他更加信任亲待，全国大政，由他一人决定，杨愔以诚心待人，按常理办事，当时没有不同的意见。乾明元年二月，被孝昭帝高演所杀，那年杨愔五十岁。北齐后主高纬天统末年，追赠他为司空。

杨愔为显贵的子弟，很早就有名声，他的风度仪表和见识，受到朝野之士的一致称赞。他的家庭遭到祸事后，只剩下两个弟弟、一个妹妹和几个侄孙女。杨愔抚养孤儿幼弱，内心仁慈，脸色温和，比任何人都做得好。他重义气轻钱财，先后获得的赏赐，大都分给亲戚和族人，跟随他的十多个侄儿侄女，都依靠他而生活。杨愔连遭不幸，亲历危难，别人给他一顿饭的恩情，他总是重重地报答，而对他的死仇，他却不加清算。

杨愔主持铨选达二十多年，以奖励和提拔人士为己任。但他所录用的人大都由于言语容貌的缘故，他也常常因此而受到讥斥，说他录用人才就像穷人买瓜专拣大的一样。杨愔听到这种言论后，毫不介意。他记忆力特别好，只要瞥见过一次的人，再也不会忘记。每当他召铨选的人询问情况时，要么只称姓，要么只称名，从未失误过。后来有个名叫鲁漫汉的候选人，声称自己才能不高，出身低贱，所以只有自己没被杨愔认识。杨愔说：『你前次在元子思坊，骑着一头秃尾巴的母驴，走过我旁边看到我后也不下来，用方形曲饼把脸遮着，我哪能不认识你呢？』鲁漫汉于是惊奇叹服。杨愔又开他的玩笑说：『名字是用来概括事物本质的，你叫漫汉，果然不假。』他又曾让属下官吏呼叫别人的名字，误把卢士深读成卢士琛，卢士深自己加以辨别。杨愔说：『卢郎润泽如玉，所以把你的名字看成玉旁。』自从娶太原长公主后，他穿着紫色的罗袍，系金钱绣制的腰带。后碰见李庶，很为自己的衣着感到羞耻，对李庶说：『我这身衣服，都是宫内缝制的，可是看到你李子将后，我不禁感到惭愧。』

后杨愔位居百官之首，执掌国家机密大政，事情千头万绪，但他思想上从没有反应迟钝的时候。从天保五年以后，文宣帝日渐荒淫，维持大局，救正时弊，全仗着杨愔。每当天子亲到朝堂任命公卿，由杨愔发号施令，宣读诏册。他声音温和清楚，神态端庄，百官看到他的表情，听到他的声音，无不惊惧动容。杨愔自从任高官后，没有再凭私人之交办过事。他轻贱钱财，看重仁义，先后得到的巨额赏赐，都分给族人，屋中架子和箱子中，只有几千卷书籍。太保、平原王高隆之的住宅与杨愔的住宅相邻，杨愔曾看到高隆之门外有几个富有的胡人，便对身边的人说：『幸好我的门前没有这些家伙。』他性情周密而谨慎，总像做得不够的样子，每当闻知命下，脸色变得很严肃。

文宣帝病危，因常山王高演和长广王高湛二人为亲弟，将威胁到自己的儿子，为身后的事感到深深的忧虑。杨愔与尚书左仆射、平秦王高归彦、侍中燕子献、黄门侍郎郑子默等人受文宣帝遗命辅政。大家都因常山、长广二王本就有很高的威望，对他们二人抱有猜忌心理。最初在晋阳时，因文宣帝还未安葬，而新皇帝守丧不能处理政事，大家商量让常山王住在东馆，如有事须上奏给皇帝，都要先找他商量后再做决定。二十天后，这一办法不再实行。大家又打算让常山王随文宣帝的灵柩回邺城，留下长广王镇守晋阳。但辅政的几个人又觉得这样不妥，于是常山、长广二王又一同随灵柩回到了邺城。燕子献定计，想把太皇太后娄氏迁到北宫，将大政交给皇太后李氏。另外，从天保八年以来，爵位封得很滥，这时，杨愔率先上表，请求朝廷解除他开府仪同三司的职务和王爵，所有无才能而得官受封的人都随之罢免。因此那些因文宣帝宠信而得官现在却失去官职的人，全都拥护新皇帝高殷的这两个叔叔。高归彦开始虽与杨愔等人同心，不久就背叛了他们，把杨愔等人对二王疏远猜忌的情形告诉了二王。尔朱浑天和又常说：『如果不杀掉二王，新皇帝就不可能安然无事。』宋钦道又当着皇帝的面进言，说他的两个叔叔声望太高，权势过重，应当尽快把他们除掉。皇帝不答应，说：『你可以与令公杨愔将这事再仔细商量一下。』杨愔等人讨论决定让二王离京任刺史。因皇帝仁慈，担心他不同意这样办，杨愔等于是又送一封信给皇太后，详细地分析了安危形势。有一个叫李昌仪的宫人，原是北豫州刺史高仲密的妻子，因高仲密犯罪连坐，被送进后宫服劳役。皇太后因为李昌仪有同宗的情谊，对她很亲近。皇太后把杨愔等人的信给李昌仪看了，李昌仪向太皇太后密报了这件事。杨愔等人又商量了一下，认为不能将二王一起派出去，于是上奏，以长广王为大司马、并州刺史，常山王为太师，录尚书事。

二王受任那天，在尚书省大会百官，杨愔等人都准备前往参加。郑子默阻挡他们说：『事情很难测度，不要太轻率了。』杨愔说：『我们真诚地为国家办事，难道在常山王受任时，我们有不到场的道理？为什么突然产生这种疑虑？』长广王清晨在录尚书机关后面的屋子中埋伏下几十名家奴，同时把这事通知了几位在座的功臣权贵。并与功臣们的子孙约定：『我敬酒走到杨愔等人面前时，劝他们每人喝两杯，他们一定会推辞，我第一句话说「拿酒」，第二句话仍说「拿酒」，第三句说「为什么不拿」。你们便把他们抓起来。』宴席上他们照此行事。杨愔大声说：『你们几个封王谋反，想杀害忠良吗！我们尊奉天子，削弱诸侯，赤心为国，不应受到这种待遇。』常山王想把他们放松一下，长广王说：『不行。』于是杨愔和尔朱浑天和、宋钦道等人都受到拳头棍棒的胡乱殴打，头部和脸上鲜血直流，每人都被十个人死死揪住。又派薛孤延、康买到尚药局把郑子默抓获。郑子默说：『不听聪明的人的话，以致出现这一局面，难道不是命该如此吗！』

二王带着高归彦、贺拔仁、斛律金揪住杨愔等人横冲直撞地进入云龙门。他们看见都督叱利骚，打手势让他过来，叱利骚不听，便派人将他杀死。开府成休宁挡在云龙门前，高归彦劝开他后，他们一行人才得以进去。杨愔等被送至皇帝面前，长广王与高归彦在朱华门外等候。太皇太后到昭阳殿，皇太后与皇帝侍立在她的旁边。常山王用砖敲打头部表示有罪，向前走几步后说：『臣与陛下骨肉相连。杨遵彦等人想把持朝政，作威作福，王公以下，都不敢随意行动和说话。他们相互依托，制造祸端，如果不趁早对他们采取行动，一定会给国家带来危害。臣与高湛等人认为国家大事最重要，贺拔仁、斛律金等人珍惜献皇帝开创的基业，大家一起将杨遵彦等人捉住带进宫来，不敢擅自把他们杀了。我们专断所犯的罪行，死有余辜。』皇帝当时默不作声，领军刘桃枝等人在他身边侍卫，他们抓着刀柄，抬头看着皇帝，可是皇帝没有瞟他们一眼。太皇太后命令仪卫退下，刘桃枝等人不动。太皇太后又厉声说：『我马上让你们这些奴才人头落地。』刘桃枝等人退去。太皇太后于是问杨愔在什么地方。贺拔仁说：『他的一只眼珠已被打出来了。』太皇太后悲伤地说：『杨郎能做得了什么，留下他继续做事不好吗？』于是指责皇帝说：『这帮人有谋反的野心，想杀我的两个儿子，然后再杀我，你为什么要放纵他们？』皇帝仍然无话可说。太皇太后又愤怒又悲伤，王公们都哭起来。太皇太后说：『怎能让我们母子听汉人老婆子摆布。』皇太后敬礼道歉。常山王不停地叩头。太皇太后对皇帝说：『为什么不安慰你叔叔？』皇帝才说：『天子也不敢对叔叔吝惜什么，怎敢爱惜这些汉人？我只愿叔叔留儿一命，让我自己下殿而去。这批人随叔叔怎么处置。』于是把他们全都杀掉。长广王因郑子默先前曾说过自己的坏话，撰写过诏书，所以在杀他之前，先割下他的舌头，斩断他的双手。太皇太后到杨愔灵前吊丧，哭着说：『杨郎忠心为国却得罪。』用皇帝私人的黄金铸了一只眼珠，亲手将它安在杨愔的眼眶里，说：『以此略表我的心意。』常山王也后悔把杨愔杀了。事先有童谣说：『白羊头尾秃，羖羊头生角。』又说：『羊羊吃野草，不吃野草远我道，不远打尔脑。』又说：『阿么姑祸也，道人姑夫死也。』『羊』说的是杨愔，『角』字可折成用刀，『道人』指的是废帝高殷的小名，杨愔的妻子太原公主曾做过尼姑，所以称作『阿么姑』，而杨愔、燕子献、尔朱浑天和都是废帝的姑夫。于是二王便以天子的命令为借口下诏，宣布杨愔等人的罪状，只定他们本人的罪，不追究家里的人。不久又想将杨愔等五家所有人口全部逮捕，王晞坚决劝阻，才每个家族只抄灭死者本人一房，小孩也全部杀死，他们的兄弟做官的一概罢免。

杨遵彦死后，继续以中书令赵彦深代掌机密事务。鸿胪少卿阳休之私下里对人说：『想走千里长的路途，却杀掉良马去骑一头跛足驴子，太可悲了。』杨愔写的诗、赋、表、奏和书论很多，他被杀后都散失了，他的门生收集到的有一万多字。

周书

韦孝宽列传第二十三

韦叔裕，字孝宽，京兆杜陵人也，少以字行。世为三辅著姓。祖直善，魏冯翊、扶风二郡守。父旭，武威郡守。建义初，为大行台右丞，加辅国将军、雍州大中正。永安二年，拜右将军、南（幽）〔豳〕州刺史。时氐贼数为抄窃，旭随机招抚，竝即归附。寻卒官。赠司空、冀州刺史，谥曰文惠。

孝宽沉敏和正，涉猎经史。弱冠，属萧宝夤作乱关右，乃诣阙，请为军前驱。朝廷嘉之，即拜统军。随冯翊公长孙承业西征，每战有功。拜国子博士，行华（阴）〔山〕郡事。属侍中杨侃为大都督，出镇潼关，引孝宽为司马。侃奇其才，以女妻之。永安中，授宣威将军、给事中，寻赐爵山北县男。普泰中，以都督从荆州刺史源子恭镇襄城，以功除（浙）〔析〕阳郡守。时独孤信为新野郡守，（司）〔同〕荆州，与孝宽情好款密，政术俱美，荆部吏人，号为联璧。孝武初，以都督镇城。

文帝自原州赴雍州，命孝宽随军。及克潼关，即授弘农郡守。从擒窦泰，兼左丞，节度宜阳兵马事。仍与独孤信入洛阳城守。复与宇文贵、怡峰应接颍州义徒，破东魏将任祥、尧雄于颍川。孝宽又进平乐口，下豫州，获刺史冯邕。又从战于河桥。时大军不利，边境骚然，乃令孝宽以大将军行宜阳郡事。寻迁南兖州刺史。

是岁，东魏将段琛、尧杰复据宜阳，遣其（扬）〔阳〕州刺史牛道恒扇诱边民。孝宽深患之，乃遣谍人访获道恒手迹，令善学书者伪作道恒与孝宽书，论归款意，又为落烬烧迹，若火下书者，还令谍人送于琛营。琛得书，果疑道恒，其所欲经略，皆不见用。孝宽知其离阻，日出奇兵掩袭，擒道恒及琛等，崤、渑遂清。

大统五年，进爵为侯。八年，转晋州刺史，寻移镇玉壁，兼摄南汾州事。先是山胡负险，屡为劫盗，孝宽示以威信，州境肃然。进授大都督。

十二年，齐神武倾山东之众，志图西入，以玉壁冲要，先命攻之。连营数十里，至于城下，乃于城南起土山，欲乘之以入。当其山处，城上先有两高楼。孝宽更缚木接之，命极高峻，多积战具以御之。齐神武使谓城中曰：『纵尔缚楼至天，我会穿城取尔。』遂于城南凿地道。又于城北起土山，攻具，昼夜不息。孝宽复掘长堑，要其地道，仍饬战士屯堑。城外每穿至堑，战士即擒杀之。又于堑外积柴贮火，敌人有伏地道内者，便下柴火，以皮𬶠吹之。吹气一冲，咸即灼烂。城外又造攻车，车之所及，莫不摧毁。虽有排楯，莫之能抗。孝宽乃缝布为缦，随其所向则张设之。布既悬于空中，其车竟不能坏。城外又缚松于竿，灌油加火，规以烧布，并欲焚楼。孝宽复长作铁钩，利其锋刃，火竿来，以钩遥割之，松麻俱落。外又于城四面穿地，作二十一道，分为四路，于其中各施梁柱，作讫，以油灌柱，放火烧之，柱折，城并崩坏。孝宽又随崩处竖木栅以捍之，敌不得入。城外尽其攻击之术，孝宽咸拒破之。

神武无如之何，乃遣仓曹参军祖孝征谓曰：『未闻救兵，何不降也？』孝宽报云：『我城池严固，兵食有余，攻者自劳，守者常逸。岂有旬朔之间，已须救援。适忧尔众有不反之危。孝宽关西男子，必不为降将军也。』俄而孝征复谓城中人曰：『韦城主受彼荣禄，或复可尔，自外军士，何事相随入汤火中耶。』乃射募格于城中云：『能斩城主降者，拜太尉，封开国郡公，邑万户，赏帛万匹。』孝宽手题书背，反射城外云：『若有斩高欢者，一依此赏。』孝宽弟子迁，先在山东，又锁至城下，临以白刃，云若不早降，便行大戮。孝宽慷慨激扬，略无顾意。士卒莫不感励，人有死难之心。

神武苦战六旬，伤及病死者十四五，智力俱困，因而发疾。其夜遁去。后因此忿恚，遂殂。魏文帝嘉孝宽功，令殿中尚书长孙绍远、左丞王悦至玉壁劳问，授骠骑大将军、开府仪同三司，进爵建忠郡公。

废帝二年，为雍州刺史。先是，路侧一里置一土堠，经雨颓毁，每须修之。自孝宽临州，乃勒部内当堠处植槐树代之。既免修复，行旅又得庇荫。周文后见，怪问知之，曰：『岂得一州独尔，当令天下同之。』于是令诸州夹道一里种一树，十里种三树，百里种五树焉。

恭帝元年，以大将军与燕国公于谨伐江陵，平之，以功封穰县公。还，拜尚书右仆射，赐姓宇文氏。（二）〔三〕

年，周文北巡，命孝宽还镇玉壁。周孝闵帝践阼，拜小司徒。明帝初，参麟趾殿学士，考校图籍。

保定初，以孝宽立勋玉壁，遂于玉壁置勋州，仍授勋州刺史。齐人遣使至玉壁，求通互市。晋公护以其相持日久，绝无使命，一日忽来求交易，疑别有故。又以皇姑、皇世母先没在彼，因其请和之际，或可致之。遂令司门下大夫尹公正至玉壁，共孝宽详议。孝宽乃于郊盛设供帐，令公正接对使人，兼论皇家亲属在东之意。使者辞色甚悦。时又有汾州胡抄得关东人，孝宽复放东还，并致书一牍，具陈朝廷欲敦邻好。遂以礼送皇姑及护母等。

孝宽善于抚御，能得人心。所遣间谍入齐者，皆为尽力。亦有齐人得孝宽金货，遥通书疏。故齐动静，朝廷皆先知。时有主帅许盆，孝宽托以心膂，令守一戍。盆乃以城东入。孝宽怒，遣谍取之，俄而斩首而还。其能致物情如此。

汾州之北，离石以南，悉是生胡，抄掠居人，阻断河路。孝宽深患之。而地入于齐，无方诛翦。欲当其要处，置一大城。乃于河西征役徒十万，甲士百人，遣开府姚岳监筑之。岳色惧，以兵少为难。孝宽曰：『计成此城，十日即毕。既去晋州四百余里，一日创手，二日伪境始知；设令晋州征兵，二日方集；谋议之间，自稽三日；计其军行，二日不到。我之城隍，足得办矣。』乃令筑之。齐人果至南首，疑有大军，乃停留不进。其夜，又令汾水以南，傍介山、稷山诸村，所在纵火。齐人谓是军营，遂收兵自固。版筑克就，卒如其言。

四年，进位柱国。时晋公护将东讨，孝宽遣长史辛道宪启陈不可，护不纳。既而大军果不利。后孔城遂陷，宜阳被围。孝宽乃谓其将帅曰：『宜阳一城之地，未能损益。然两国争之，劳师数载。彼多君子，宁乏谋猷。若弃崤东，来图汾北，我之疆界，必见侵扰。今宜于华谷及长秋速筑城，以杜贼志。脱其先我，图之实难。』于是画地形，具陈其状。晋公护令长史叱罗协谓使人曰：『韦公子孙虽多，数不满百。汾北筑城，遣谁固守？』事遂不行。天和五年，进爵郧国公，增邑通前一万户。

是岁，齐人果解宜阳之围，经略汾北，遂筑城守之。其丞相斛律明月至汾东，请与孝宽相见。明月云：『宜阳小城，久劳战争。今既入彼，欲于汾北取偿，幸勿怪也。』孝宽答曰：『宜阳彼之要冲，汾北我之所弃。我弃彼图，取偿安在？

且君辅翼幼主，位重望隆，理宜调阴阳，抚百姓，焉用极武穷兵，构怨连祸！且沧、瀛大水，千里无烟，复欲使汾、晋之间，横尸暴骨？苟贪寻常之地，涂炭疲弊之人，窃为君不取。』

孝宽参军曲岩颇知卜筮，谓孝宽曰：『来年，东朝必大相杀戮。』孝宽因令岩作谣歌曰：『百升飞上天，明月照长安。』百升，斛也。又言：『高山不摧自崩，槲树不扶自竖。』令谍人多赍此文，遗之于邺。祖孝征既闻，更润色之，明月竟以此诛。

建德之后，武帝志在平齐。孝宽乃上疏陈三策。其第一策曰：

臣在边积年，颇见间隙，不因际会，难以成功。是以往岁出军，徒有劳费，功绩不立，由失机会。何者？长淮之南，旧为沃土，陈氏以破亡余烬，犹能一举平之。齐人历年赴救，丧败而反，内离外叛，计尽力穷。《传》不云乎：『仇有衅焉，不可失也。』今大军若出轵关，方轨而进，兼与陈氏共为掎角；并令广州义旅，出自三鸦；又募山南骁锐，沿河而下；复遣北山稽胡绝其并、晋之路。凡此诸军，仍令各募关、河之外劲勇之士，厚其爵赏，使为前驱。岳动川移，雷骇电激，百道俱进，并趋虏庭。必当望旗奔溃，所向摧殄。一戎大定，实在此机。

其第二策曰：

若国家更为后图，未即大举，宜与陈人分其兵势。三鸦以北，万春以南，广事屯田，预为贮积。募其骁悍，立为部伍。彼既东南有敌，戎马相持，我出奇兵，破其疆场。彼若兴师赴援，我则坚壁清野，待其去远，还复出师。常以边外之军，引其腹心之众。我无宿舂之费，彼有奔命之劳。一二年中，必自离叛。且齐氏昏暴，政出多门，鬻狱卖官，唯利是视，荒淫酒色，忌害忠良。阖境熬然，不胜其弊。以此而观，覆亡可待。然后乘间电扫，事等摧枯。

其第三策曰：

窃以大周土宇，跨据关、河，蓄席卷之威，持建领之势。太祖受天明命，与物更新，是以二纪之中，大功克举。南清江、汉，西龛巴、蜀，塞表无虞，河右底定。唯彼赵、魏，独为榛梗者，正以有事三方，未遑东略。遂使漳、滏游魂，更存余晷。昔勾践亡吴，尚期十载；武王取乱，犹烦再举。今若更存遵养，且复相时，臣谓宜还崇怜好，申其盟约。安人和众，通商惠工，蓄锐养威，观衅而动。斯则长策远驭，坐自兼并也。

书奏，武帝遣小司寇淮南公元（卫）〔伟〕、开府伊娄谦等重币聘齐。尔后遂大举，再驾而定山东，卒如孝宽之策。

孝宽每以年迫悬车，屡请致仕。帝以海内未平，优诏弗许。至是复称疾乞骸骨。帝曰：『往已面申本怀，何烦重请也。』

五年，帝东伐，过幸玉壁。观御敌之所，深叹羡之，移时乃去。孝宽自以习练齐人虚实，请为先驱。帝以玉壁要冲，非孝宽无以镇以，乃不许。及赵王招率兵出稽胡，与大军掎角，乃敕孝宽为行军总管，围守华谷以应接之。孝宽克其四城。武帝平晋州，复令孝宽还旧镇。

及帝凯还，复幸玉壁。从容谓孝宽曰：『世称老人多智，善为军谋。然朕唯共少年，一举平贼。公以为何如？』孝宽对曰：『臣令衰耄，唯有诚心而已。然昔在少壮，亦会输力先朝，以定关右。』帝大笑曰：『实如公言。』乃诏孝宽随驾还京。拜大司空，出为延州总管，进位上柱国。

大象元年，除徐兖等十一州十五镇诸军事、徐州总管。又为行军元帅，徇地淮南。乃分遣杞公宇文亮攻黄城，郧公梁士彦攻广陵，孝宽率众攻寿阳，并拔之。初孝宽到淮南，所在皆密送诚款。然彼五门，尤为险要，陈人若开塘放水，即津济路绝。孝宽遽令分兵据守之。陈刺史吴文育果遣决堰，已无及。于是陈人退走，江北悉平。

军还，至豫州，宇文亮举兵反，潜以数百骑袭孝宽营。时亮国官茹宽密白其状，孝宽有备。亮不得入，遁走，孝宽追获之。诏以平淮南之功，别封一子滑国公。

及宣帝崩，隋文帝辅政，时尉迟迥先为相州总管，诏孝宽代之。又以小司徒叱列长义为相州刺史，先令赴邺。孝宽续进，至朝歌，迥遣大都督贺兰贵齐书候孝宽。孝宽留贵与语以察之，疑其有变，遂称疾徐行。又使人至相州求医药，密以伺之。既到汤阴，逢长义奔还。孝宽兄子魏郡守艺又弃郡南走。孝宽审讦其状，乃驰还。所经桥道，皆令毁撤，驿马悉拥以自随。又勒（骑）〔驿〕将曰：『蜀公将至，可多备肴酒及刍粟以待之。』迥果遣仪同梁子康将数百骑追孝宽，驿司供设丰厚，所经之处，皆辄停留，由是不及。

时或劝孝宽，以为洛京虚弱，素无守备，河阳镇防，悉是关东鲜卑，迥若先往据之，则为祸不小。乃入保河阳。河阳城内旧有鲜卑八百人，家并在邺，见孝宽轻来，谋欲应迥。孝宽知之，遂密造东京官司，诈称遣行，分人指洛阳受赐。既至洛阳，并留不遣。因此离解，其谋不成。

六月，诏发关中兵，以孝宽为元帅东伐。七月，军次河阳。迥所署仪同薛公礼等围逼怀州，孝宽遣兵击破之。进次怀县永（桥）城（桥）之东南。其城既在要冲，雉堞牢固，迥已遣兵据之。诸将士以此城当路，请先攻取。孝宽曰：『城小而固，若攻而不拔，损我兵威。今破其大军，此亦何能为也。』于是引军次于武陟，大破迥子惇，惇轻骑奔邺。军次于邺西门豹祠之南。迥自出战，又破之。迥穷迫自杀。兵士在小城中者，尽坑于游豫园。诸有未服，皆随机讨之，关东悉平。十月，凯还京师。十一月薨，时年七十二。赠太傅、十二州诸军事、雍州牧。谥曰襄。

孝宽在边多载，屡抗强敌。所有经略，布置之初，人莫之解；见其成事，方乃惊服。虽在军中，笃意文史，政事之余，每自披阅。末年患眼，犹令学士读而听之。又早丧父母，事兄嫂甚谨。所得俸禄，不入私房。亲族有孤遗者，必加振赡。朝野以此称焉。长子谌年已十岁，魏文帝欲以女妻之。孝宽辞以兄子世康年长。帝嘉之，遂以妻世康。孝宽有六子，总、寿、霁、津知名。

【译文】

韦叔裕，字孝宽，京兆杜陵人，自小别人便用他的字称呼他，于是把字作为名。韦孝宽祖祖辈辈都是三辅大族。他的祖父韦直善，曾任北魏冯翊、扶风二郡太守，父亲韦旭，曾任武威郡太守。北魏孝庄帝建义年间初，韦旭任大行台右丞，加辅国将军、雍州大中正等官职。永安二年，被任命为右将军、南幽州刺史。当时氐族多次抢掠财物，韦旭根据情况，加以安抚，氐人都迅速地降附他。不久，韦旭死于任上。朝廷赠他司空、冀州刺史等官，谥号为『文惠』。

韦孝宽为人深沉机敏，温和正直。他二十岁时，遇到萧宝夤在关中发动叛乱，于是他前往都城洛阳，请求朝廷让他作为大军的前锋去平定叛乱。朝廷很欣赏他这种行为，便任命他为统军。韦孝宽随冯翊公长孙承业挥师西进，每次战斗，他都有战功。被任命为国子博士，代理华山郡太守的职务。恰好侍中杨侃以大都督的身份离开京城，镇守潼关，让韦孝宽做他的都督府司马。杨侃对韦孝宽的才干感到惊奇，把自己的女儿嫁给他做妻子。永安年间，朝廷任命韦孝宽为宣威将军、给事中，不久又授予他山北县男的爵位。北魏节闵帝普泰年间，韦孝宽以都督的身份隶属荆州刺史源子恭，镇守襄城。因功被任命为析阳郡太守。当时独孤信任新野郡太守，二郡同属荆州，独孤信与韦孝宽很要好，亲密无间，而且政绩都很好，荆州的官吏和百姓称他们二人为『联璧』。北魏孝武帝初年，韦孝宽以都督的身份，独自镇守襄城。

北周文帝宇文泰从原州进军雍州，命令韦孝宽随大军前往。攻下潼关后，当即任命他为弘农郡太守。后随宇文泰俘获东魏大将窦泰，兼任行台左丞，统辖宜阳郡兵马。随即与独孤信进驻洛阳，据城而守。后又与宇文贵、怡峰接应在颍州起事响应西魏的人，在颍川打败了东魏的将领任祥、尧雄。韦孝宽又进军攻下东口，夺得豫州，擒获东魏豫州刺史冯邕。后又随文帝宇文泰在河桥同东魏军会战，西魏军队打了败仗，边界一带极不安宁，于是命令韦孝宽以大将军的身份代理宜阳郡太守的职务。不久升任南兖州刺史。

就在这一年，东魏将领段琛、尧杰再次攻占宜阳，派阳州刺史牛道恒鼓动招诱西魏边界百姓。韦孝宽为此深感忧虑，于是派间谍寻求到牛道恒的手迹，让善于模仿别人笔迹的人伪造了一封牛道恒给韦孝宽的信，信中说到牛道恒向西魏投诚的意图，并在信纸上弄了些火星烧灼的痕迹，好像这封信是牛道恒在灯火下写的一样，再令间谍把这封信扔到段琛的军营中。段琛得到这封信后，果然对牛道恒产生怀疑，牛道恒想做什么事，都得不到段琛的许可。韦孝宽知道敌方已经离心，相互牵制，于是出奇兵突施袭击，俘获牛道恒及段琛等人，崤山、渑池一带因而安定。

西魏文帝大统五年，将韦孝宽的男爵升为侯爵。大统八年，转任晋州刺史，不久改任到玉壁镇守，兼任南汾州刺史。

在此以前，山胡依仗地势险阻，经常做打家劫舍的事，韦孝宽既用武力镇压，又以信义招抚，使南汾州境内极其清静。朝廷提升韦孝宽为大都督。

大统十二年，北齐神武帝高欢统率东魏所有军队，立志要攻占关中，因玉壁扼守要道，首先命令大军攻下玉壁。东魏军连营数十里，直抵玉壁城下，于是在城南边垒土为山，打算在土山造成后，登上山顶攻入玉壁城中。正对着东魏军修筑土山的地方，玉壁城墙上本有两座高楼，韦孝宽命令在楼上捆扎树木，尽量增加高度，在那儿聚积许多武器，加以抵御。北齐神武帝派人对城中守军说：『任你们把楼增到天那么高，我也会挖地道把你们抓获。』于是在城南边挖掘地道，并在城北修造土山和攻城器械，昼夜不停。韦孝宽又命令在城中挖一道长长的堑壕，以拦截敌方的地道，并告诫战士在堑壕边防守，城外敌军把地道挖到堑壕时，西魏兵便将他们捉住，并杀掉他们。另外在堑壕外堆积柴草，准备火种，如有敌军隐藏在地道中，便扔下柴草，点燃后，用皮制的风箱鼓风，大火一拥而入，地道里的敌军全都被烧伤。城外敌军又造出攻城车，城墙被攻城车撞到的地方，全都崩毁，即使用排楯也抵敌不住。韦孝宽便用布缝制帐幕，敌方攻城车往哪儿攻，便在哪儿把帐幕展开。布幕悬挂在空中，敌方攻城车始终不能将它损坏。城外敌军又在长竿上绑着松木和麻，浸灌油脂，点上火，想用来烧毁布幕，并试图烧毁城楼。韦孝宽又制造一种长铁钩，将铁钩的刃口磨得很锋利，敌方将火竿伸来时，便远远地用铁钩割截，使火竿上的松木和麻掉下。城外敌军又在玉壁城四周挖掘了二十一条地道，分为四个方向，在各条地道中用横梁和立柱做支撑，地道掘成后，把油脂浇在立柱上，再点火烧，立柱烧断后，地道上面的城墙都崩塌了。韦孝宽又在城墙崩毁的地方竖起木栅，加以防御，敌军不能攻进城中。城外进攻的敌人用尽了一切手段，韦孝宽都一一粉碎了。

神武帝高欢拿韦孝宽没办法，便派他的仓曹参军祖孝征对韦孝宽说：『没听说有救兵来，你为什么不投降呢？』韦孝宽回答说：『我方城池坚固，兵粮有余，攻城的人空自劳苦，守城的人总是安闲，哪有没几天便不得不要援军的道理？我只是担心你的部下有回不去的危险。我韦孝宽为关西大丈夫，绝不会当投降将军。』不一会儿祖孝征又对城中的兵士说：『韦城主受到他主上的恩宠俸禄，或许该那样做，而其他战士，又为什么要跟他赴汤蹈火呢。』于是用箭把悬赏标准射进城中，说：『如有人能杀城主向我军投降，将任命他为太尉，封开国郡公，食邑万户，赏赐帛一万匹。』韦孝宽亲手在敌方射进城中的字纸背面写上字，再射到城外，说：『如有人能杀高欢，按此行赏。』韦孝宽弟弟的儿子韦迁事先在东魏，这时被戴上枷锁，带到玉壁城下，敌军用刀抵住韦迁的身体，声称韦孝宽如不趁早投降，便将他杀死。韦孝宽言辞慷慨，意气昂扬，一点也没有顾念的意思。战士们无不为之感动激励，人人都有拼死的决心。

神武帝苦战两个月，他的部下受伤及患病而死者达十分之四五，智竭力穷，于是生了病，趁夜间逃走了。后来因这事愤恨至极，竟至死去。西魏文帝嘉奖韦孝宽的功勋，令殿中尚书长孙绍远和尚书左丞王悦到玉壁慰劳，任命韦孝宽为骠骑大将军、开府仪同三司，将他的爵位升为建忠郡公。

西魏废帝二年，韦孝宽就任雍州刺史。在此以前，路边每隔一里便设一土堆作为标志，土堆被雨水冲刷后便崩毁，经常需要修补。韦孝宽任雍州刺史后，便命令雍州各地在原土堆处种植槐树，代替土堆作为标志。这样既不需反复修补，来往行人又可以躲避日晒雨淋。周文帝宇文泰后来看到这一情况，感到奇怪，便加询问，得知事情缘由，说：『哪能仅一州如此，应让全国各地都照此办理。』于是命令各州在道路两边每隔一里种一株树，每隔十里种三株树，一百里种五株树。

西魏恭帝元年，任命韦孝宽为大将军，与燕国公于谨一起进攻江陵的梁朝，将它消灭，因功封为穰县公。回到长安，被任命为尚书右仆射，恩准他改姓宇文。恭帝三年，北周文帝宇文泰率军到北边巡视，命令韦孝宽再次镇守玉壁。北周孝闵帝宇文觉即帝位以后，任命韦孝宽为小司徒。周明帝宇文毓即位初年，韦孝宽兼任麟趾殿学士，考订校勘地图书籍。

北周武帝宇文邕保定年间初，因韦孝宽曾在玉壁建立功勋，于是在玉壁设置勋州，并任命韦孝宽为勋州刺史。

北齐派使节到玉壁，请求两国通商。晋公宇文护因为两国长期敌对，互不通使，现在忽然请求贸易往来，怀疑其中别有缘故。又因周武帝的姑姑和伯母先前一直留在北齐境内，趁北齐派人求和的时机，也许可以将她们接来。于是命令司门下大夫尹公正到玉壁，与韦孝宽详加讨论。韦孝宽便在城郊摆上丰盛的酒食和华丽的帷帐，让尹公正在那儿会见北齐使节，并谈到皇室亲戚在北齐境内的情况。北齐使节的言语和脸色都显得很高兴。当时又出现汾州胡人抢掠北齐人口的事，韦孝宽把抢来的人口又放回，并让他们带去一封信，详细阐述了周愿与齐和好的本意。齐国便将周武的姑姑及宇文护的母亲等人礼送到周。

韦孝宽善于领导，能让人归心于他。他派到北齐的间谍，都为他尽力。也有齐国人得到韦孝宽给的金银钱财后，与他远通书信。所以齐国有什么行动，周朝都预先知道。当时有支部队的长官叫许盆，韦孝宽把他作为自己的心腹，让他镇守一座戍所。许盆竟把城纳入北齐。韦孝宽很愤怒，派间谍去杀他，不一会儿，许盆的头便被割了送来。他就是这样能得人心。

汾州以北，离石以南一带地方，居住的都是没有编入户籍的胡人，他们抢掠居民财物，隔断黄河通道。韦孝宽为此深感忧虑。可是该地属于北齐疆土，又没办法出军加以剿除。韦孝宽想在胡人往来的要道上筑一座大城以资防守。于是在黄河西面各地征发十万民夫，配甲士一百人，派开府姚岳监督筑城事宜。姚岳表现出畏惧的神色，因所率战士太少而感到为难。韦孝宽说：『算来要筑好此城，十天时间也就够了。那儿距齐国晋州治所有四百多里地，我们第一天开始动工，第二天敌境才会得知此事；假如北齐晋州征调军队，要用两天时间才可能招集起来；而敌方商议对策，又得用三天时间；从晋州派军队来，两天之内不可能到达。我方城墙，是完全有时间筑好的。』于是下令筑城。北齐果然派军队南来，因怀疑北周有大军，便停下来不敢继续进军。当晚，韦孝宽又命令汾水以南，介山、稷山下各村，到处烧起火堆，齐国的人认为那都是北周的军营，于是聚结军队，加强防守。北周终于将城筑成，结果像韦孝宽所说的一样。

保定四年，授韦孝宽勋为柱国。当时晋公宇文护将向北齐发动进攻，韦孝宽派长史辛道宪陈述不能出兵的意见，宇文护不加采纳，后大军果然失利。随即孔城被北齐攻占，宜阳也受到围攻。韦孝宽便对麾下将领说：『宜阳城这地方，有它没多少好处，没它也没多少坏处，可是两国为争夺它，竟打了几年的仗。敌方有识之士很多，难道会缺乏好的谋略。假如他们放弃崤山以东，径直向汾水以北发起攻击，我国疆界，一定会受到侵扰。现在应当在华谷及长秋两地尽快地筑起城池，以便使敌方打消这一念头。假如他们在我们之前采取行动，再想消灭他们就很困难了。』于是画出地形图，把情况向朝廷详细地做了汇报。晋公宇文护让他的长史叱罗协对韦孝宽派来的人说：『韦公子孙虽然很多，也不足一百人。他要在汾水以北筑城，准备派谁去坚守呢？』于是这事便没实行下去。周武帝天和五年，将韦孝宽的爵位升为郧国公，增加他食邑户数，加上以前的共达一万户。

这一年，齐国果真解除对宜阳的围攻，占有汾水以北的土地，并筑城据守。北齐丞相斛律明月到汾水东边，请求与韦孝宽会见。斛律明月说：『宜阳一座小城，使我们长期交战，现在宜阳既然被你方获取，我们想在汾水北边取得补偿，希望你们不要怪罪才是。』韦孝宽回答说：『宜阳是你们的要镇，汾水以北的土地是我们自动放弃了的。我们抛弃的东西，你们却想方设法得到它，哪能说是得到了补偿呢？况且阁下辅佐幼主，职位很重，声望也高，按理该协调阴阳，安抚百姓，为什么要穷兵黩武，招来怨恨，使祸事不断呢！而且阁下国内沧、瀛二州一带发大水，致使方圆千里范围内，人烟断绝，难道现在又想在汾、晋二州造成尸骨遍地的景象？假如贪图不要紧的土地，使本来穷困已极的百姓再遭涂炭，我私下里认为阁下是不会这样做的。』

韦孝宽的参军曲岩很熟悉卜筮的方法，他对韦孝宽说：『明年东边的齐国定将发生大屠杀。』韦孝宽于是让曲岩编造童谣说：『百升飞上天，明月照长安。』百升，就是斛。又说：『高山不摧自崩，槲树不扶自竖。』让间谍带上很多写有这些谣言的纸张，在北齐都城散发。北齐祖孝征听到这些童谣后，又添枝生叶，斛律明月竟因此被杀。

周武帝建德年间以后，立志要吞并齐国，韦孝宽于是上书陈述三个策略。他的第一项策略说：

臣下镇守边疆多年，对齐国的弱点了解得比较清楚，不利用时机，是难以成功的。所以去年出兵，白白地使战士劳苦，物资耗费，没获得任何胜利，正是因为没抓住机会。为什么呢？淮河以南，原来是肥沃的土地，陈朝依靠破败伤亡之后的残余力量，竟还能一举从北齐手中把它夺取，北齐连年派军救援，都大败而回，内部离心，盟国背叛，搞得智穷力竭。《左传》上不是说过这样的话吗：『敌方已露出破绽，机不可失。』现在我国大军如果从轵关进击，各军齐头并进，并且与陈国军队形成夹击的形势；再命令广州义军从三鸦发起进攻，招募华山以南勇悍果敢的人，让他们沿黄河东进；另外派北边山地的稽胡部落阻断北齐并州与晋阳之间的交通。同时命令以上各支部队，招募敌境勇猛的人，多给他们一些爵位和赏赐，让他们做前锋。其势足以使山岳震动，河水倒流。各路大军都指向敌方老巢，迅如雷电。敌军看到我们的旗帜也肯定会奔逃，使我们所向无敌。一次战役便可以夺取彻底的胜利，现在正是大好时机。

他的第二项策略说：

如果朝廷准备以后再做打算，不能立即大举进攻，就应当联合陈国，分散齐国的兵力。我国应在三鸦以北、万春以南的地区，大力屯田，预先储备粮食。招募这一地区勇武强悍的人，编成部队。齐国东南边有陈国与之为敌，两国军队对垒，我国再出奇兵，攻击它的边界，齐国若调集大军救援，我方便坚壁清野，等到它的军队退回去以后，再派军进击。经常用我边界以外的部队，调动齐国内部的大军。我军没有丝毫损失，便可使敌人疲于奔命。这样，在一两年中，敌军肯定会出现逃跑叛降的情况。而且齐国君主昏庸残暴，大臣各执己见。断案视钱多少，出售官职，唯利是图，沉溺于酒色，猜忌残害忠良。齐国百姓处于水深火热之中，忍受不了这种腐败的政治。从这方面看，其灭亡指日可待。我们到时再乘机迅速加以消灭，这有如摧枯拉朽。

他的第三项策略说：

我私下里认为，大周疆域包有潼关、黄河，拥有席卷天下、高屋建瓴的有利形势。太祖承受上天大命，革新政治，所以在二十多年中，便能建立宏伟的功业。在南边平定了长江和汉水交汇的一带地区，在西边夺取了巴蜀，黄河以西地区也纳入了版图。只剩下赵、魏还未接受统治。而这正因为我国致力于征服其他三方，来不及经营东边，于是使他们能逃命于漳水边的邺城，苟延残喘。先前勾践立志灭吴，尚且以十年为期；周武王攻取丧乱的商朝，还需先后发动两次进攻。现在朝廷若打算等敌人恶贯满盈的时候，再相机行动，我认为最好还是再次与它讲和，缔结条约。使百姓安居乐业，贸易往来，使手工业者和商人获得益处，发现可以利用的时机，便采取行动。这是从长计议，坐着便消灭别人国家的办法。

他的奏章送达朝廷以后，周武帝派小司寇、淮南公元伟、开府伊娄谦等人带上厚礼，出使齐国。以后便大举进攻，两次行动后，便灭掉齐国，结果和韦孝宽制定的策略相符。

韦孝宽经常因为自己快到七十岁了，多次请求朝廷免去他的职务。周武帝因全国还未统一，总是好言相劝，不许他辞职。到这时，韦孝宽又声称有病，请求回家休养。周武帝说：『以前我已当着你的面把我心里话给你说了，你为什么还要再提这个要求呢？』

建德五年，周武帝率军向东进攻齐国，经过玉壁，在那儿停留。他视察了先前韦孝宽抵抗北齐军队的地方，对韦孝宽大加称赞，过了好一会儿才离开。韦孝宽认为自己很熟悉北齐军队的情况，请武帝让他带部队做先锋。武帝认为玉壁是军队往来的要道，除韦孝宽外没人能镇守，于是拒绝了他的请求。后赵王宇文招统率部队，联合稽胡，与武帝所率大军夹击北齐，武帝便命令韦孝宽为行军总管，围攻齐国华谷各城，以接应宇文招。韦孝宽攻占北齐四座城池。武帝攻下北齐晋州以后，又命令韦孝宽回军镇守玉壁。

后周武帝率军凯旋，再到玉壁。武帝随随便便地对韦孝宽说：『世上的人说老年人智慧多，善于军事谋略。可是我和一批年轻人，一举消灭敌人。韦公你认为怎样？』韦孝宽回答说：『臣下如今老朽不堪，只剩下一颗忠诚的心。不过，当初我年轻力壮的时候，也曾经为先皇出力，从而平定关中。』武帝大笑着说：『你说的确是实话。』于是命令韦孝宽跟随自己返回京城长安。任命他为大司空，后离京任延州总管，将他的军勋升为上柱国。

周静帝大象元年，任命韦孝宽为徐、兖等十一州十五镇诸军事、徐州总管。又任行军总管，进军淮河以南。于是分别派杞公宇文亮进攻黄城，郕公梁士彦进攻广陵，韦孝宽率大军进攻寿阳，这些城池全被攻下。开始的时候，韦孝宽刚到达淮南，陈国各城守将都暗中派人联系，表示降服。其中以五门尤其重要，陈国若打开水库的堤岸，渡口和道路就将被淹没。韦孝宽立即分派部队前往防守。陈刺史吴文育果然派军掘堤，但已经来不及了。于是陈国军队退走，长江以北的地区都被平定。

韦孝宽从淮南撤军而回，到达豫州时，宇文亮举兵反叛，率几百骑兵秘密袭击韦孝宽的营帐。当时宇文亮封国的属官茹宽已把情况密报韦孝宽，使他预先有所防备，宇文亮攻不进去，便逃走了，韦孝宽追击，将他抓获。朝廷因为他夺取淮河以南的功勋，再封他的一个儿子为滑国公。

周宣帝死后，隋文帝杨坚辅政，在此以前尉迟迥已任相州总管，朝廷命令韦孝宽去接替他，又任命小司徒叱列长义为相州刺史，让他先到相州治所邺城去。韦孝宽随后出发，到达朝歌时，尉迟迥派大都督贺兰贵带着书信在那儿迎接他。韦孝宽把贺兰贵留下，与他交谈，察言观色，怀疑事情不妙，便声称自己有病，慢慢前行。又派人到相州，借口寻医生和药物，暗中观察动静。到达汤阴时，碰上从相州逃回来的叱列长义。韦孝宽的侄子、魏郡太守韦艺又弃职南逃。韦孝宽弄清真实情况后，便乘马奔回。他所经过的桥梁，都下令拆毁，驿站马匹全部带走。又告诫驿将说：『蜀公快到了，你们得多准备些酒菜和饲料，以便接待他。』尉迟迥果然派仪同梁子康率领几百骑兵追捕韦孝宽，各驿主管人都给他们以丰盛的款待，追兵每到一处，都擅自停留，因而没有追上。

这时有人劝韦孝宽说，洛阳兵员很少，平时就没有多少守卫力量，在河阳城镇守的，都是原北齐的鲜卑兵，尉迟迥如果先一步占据河阳，将带来很大的危害。韦孝宽于是进入河阳，据城而守。河阳城中原有鲜卑族士兵八百人，他们的家属都在邺城，见韦孝宽没带多少人马，暗中商议，准备响应尉迟迥。韦孝宽知道他们的密谋，于是暗中伪造东京洛阳下达的公文，谎称将派他们出征，分一批人到洛阳接受赏赐。被派出的人到洛阳后，全被留下，不让他们回到河阳。鲜卑兵因此力量分散，他们的阴谋也就没有实现。

大象二年六月，朝廷命令征调关中的军队，委任韦孝宽为元帅，率军东征。七月，大军进驻河阳城。尉迟迥所任命的仪同薛公礼等人围攻怀州，韦孝宽派军队将他们打败。大军又进驻怀县永桥城的东南边，永桥城因为地理位置极其重要，城墙建造得很坚固，尉迟迥已经派兵将它占据。众将领认为该城处在进军路线上，请求首先将它攻拔。韦孝宽说：『永桥城虽小却很坚固，如果我们发起攻击却攻不下，将使我军声威受到损害。现在我们打败他们的主力部队，永桥小城又能有什么作为呢。』于是率军进驻武陟，大败尉迟迥之子尉迟惇所部，尉迟惇单马逃回邺城。大军进驻邺城西门豹祠的南边。尉迟迥亲自出城应战，韦孝宽将他击败。尉迟迥因走投无路而自杀。尉迟迥部下在邺城内城中的，全被活埋在游豫园中。各地还有投降的，韦孝宽都根据情况，派军攻打，使关东完全安定下来。十月，韦孝宽凯旋京城长安，十一月逝世，终年七十二岁。朝廷赠他太傅、十二州诸军事、雍州牧等官。谥号为『襄』。

韦孝宽在边疆镇守多年，多次抵御了强敌的进攻。他所做的一切事情，在开始布置的时候，别人都觉得不可理解；看见他把事情办成后，才感到惊奇，因而很佩服他。他虽身在军营中，却一心一意地学习文学和历史著作，在处理政事后的闲暇时间，常常亲自翻览。晚年的时候，他得了眼病，仍让有文化的人读书给他听。此外，韦孝宽的父母死得很早，他对哥嫂极恭谨。获得的俸禄，也不放进自己的小家。亲戚和同族如有孤儿，他定会救济。朝廷和民间都因此称赞他。韦孝宽的大儿子韦谌已年满十岁，西魏文帝元宝炬想把自己的女儿嫁给他做妻子。韦孝宽推辞，说自己哥哥的儿子韦世康比韦谌年龄大，（比较合适。）文帝称赏他，便把女儿嫁给韦世康。韦孝宽有六个儿子，其中以韦总、韦寿、韦霁、韦津比较有名气。

隋书

杨素列传第十三

杨素，字处道，弘农华阴人也。祖暄，魏辅国将军、谏议大夫。父敷，周汾州刺史，没于齐。素少落拓，有大志，不拘小节，世人多未之知，唯从叔祖魏尚书仆射宽深异之，每谓子孙曰：『处道当逸群绝伦，非常之器，非汝曹所逮也。』后与安定牛弘同志好学，研精不倦，多所通涉。善属文，工草隶，颇留意于风角。美须髯，有英杰之表。周大冢宰宇文护引为中外记室，后转礼曹，加大都督。武帝亲总万机，素以其父守节陷齐，未蒙朝命，上表申理。帝不许，至于再三。帝大怒，命左右斩之。素乃大言曰：『臣事无道天子，死其分也。』帝壮其言，由是赠敷为大将军，谥曰忠壮。拜素为车骑大将军、仪同三司，渐见礼遇。帝命素为诏书，下笔立成，词义兼美。帝嘉之，顾谓素曰：『善自勉之，勿忧不富贵。』素应声答曰：『臣但恐富贵来逼臣，臣无心图富贵。』

及平齐之役，素请率父麾下先驱。帝从之，赐以竹策，曰：『朕方欲大相驱策，故用此物赐卿。』从齐王宪与齐人战于河阴，以功封清河县子，邑五百户。其年授司城大夫。明年，复从宪拔晋州。宪屯兵鸡栖原，齐主以大军至，宪惧而宵遁，为齐兵所蹑，众多败散。素与骁将十余人尽力苦战，宪仅而获免。其后每战有功。及齐平，加上开府，改封成安县公，邑千五百户，赐以粟帛、奴婢、杂畜。从王轨破陈将吴明彻于吕梁，治东楚州事。封弟慎为义安侯。陈将樊毅筑城于泗口，素击走之，夷毅所筑。

宣帝即位，袭父爵临贞县公，以弟约为安成公。寻从韦孝宽徇淮南，素别下盱眙、钟离。

及高祖为丞相，素深自结纳，高祖甚器之，以素为汴州刺史。行至洛阳，会尉迥作乱，荥州刺史宇文胄据武牢以应迥，素不得进。高祖拜素大将军，发河内兵击胄，破之。迁徐州总管，进位柱国，封清河郡公，邑二千户。以弟岳为临贞公。高祖受禅，加上柱国。开皇四年，拜御史大夫。其妻郑氏性悍，素忿之曰：『我若作天子，卿定不堪为皇后。』郑氏奏之，由是坐免。

上方图江表，先是，素数进取陈之计，未几，拜信州总管，赐钱百万、锦千段、马二百匹而遣之。素居永安，造大舰，名曰五牙，上起楼五层，高百余尺，左右前后置六拍竿，并高五十尺，容战士八百人，旗帜加于上。次曰黄龙，置兵百人。自余平乘、舴艋等各有差。及大举伐陈，以素为行军元帅，引舟师趣三硖。军至流头滩，陈将戚欣，以青龙百余艘、屯兵数千人守狼尾滩，以遏军路。其地险峭，诸将患之。素曰：『胜负大计，在此一举。若昼日下船，彼则见我，滩流迅激，制不由人，则吾失其便。』乃以夜掩之。素亲率黄龙数千艘，衔枚而下，遣开府王长袭引步卒从南岸击欣别栅，令大将军刘仁恩率甲骑趣白沙北岸，迟明而至，击之，欣败走。悉虏其众，劳而遣之，秋毫不犯，陈人大悦。素率水军东下，舟舻被江，旌甲曜日。素坐平乘大船，容貌雄伟，陈人望之惧曰：『清河公即江神也。』陈南康内史吕仲肃屯岐亭，正据江峡，于北岸凿岩，缀铁锁三条，横截上流，以遏战船。素与仁恩登陆俱发，先攻其栅。仲肃军夜溃，素徐去其锁。仲肃复据荆门之延洲。素遣巴蜑卒千人，乘五牙四艘，以柏樯碎贼十余舰，遂大破之，俘甲士二千余人，仲肃仅以身免。陈主遣其信州刺史顾觉，镇安蜀城，荆州刺史陈纪镇公安，皆惧而退走。巴陵以东，无敢守者。湘州刺史、岳阳王陈叔慎遣使请降。素下至汉口，与秦孝王会。及还，拜荆州总管，进爵郢国公，邑三千户，真食长寿县千户。以其子玄感为仪同，玄奖为清河郡公。赐物万段，粟万石，加以金宝，又赐陈主妹及女妓十四人。素言于上曰：『里名胜母，曾子不入，逆人王谊，前封于郢，臣不愿与之同。』于是改封越国公。寻拜纳言。岁余，转内史令。

俄而江南人李稜等聚众为乱，大者数万，小者数千，共相影响，杀害长吏。以素为行军总管，帅众讨之。贼朱莫问自称南徐州刺史，以盛兵据京口。素率舟师入自杨子津，进击破之。晋陵顾世兴自称太守，与其都督鲍迁等复来拒战。素逆击破之，执迁，虏三千余人。进击无锡贼帅叶略，又平之。吴郡沈玄懀、沈杰等以兵围苏州，刺史皇甫绩频战不利。素率众援之，玄懀势迫，走投南沙贼帅陆孟孙。素击孟孙于松江，大破之，生擒孟孙、玄懀。黝、歙贼帅沈雪、沈能据栅自固，又攻拔之。浙江贼帅高智慧自号东扬州刺史，船舰千艘，屯据要害，兵甚劲。素击之，自旦至申，苦战而破。智慧逃入海，素蹑之，从余姚泛海趣永嘉。智慧来拒战，素击走之，擒获数千人。贼帅汪文进自称天子，据东阳，署其徒蔡道人为司空，守乐安。进讨，悉平之。又破永嘉贼帅沈孝彻。于是步道向天台，指临海郡，逐捕遗逸寇。前后百余战，智慧遁守闽越。

上以素久劳于外，诏令驰传入朝。加子玄感官为上开府，赐彩物三千段。素以余贼未殄，恐为后患，又自请行。乃下诏曰：『朕忧劳百姓，日旰忘食，一物失所，情深纳隍。江外狂狡，妄构妖逆，虽经殄除，民未安堵。犹有贼首凶魁，逃亡山洞，恐其聚结，重扰苍生。内史令、上柱国、越国公素，识达古今，经谋长远，比曾推毂，旧著威名，宜任以大兵，总为元帅。宣布朝风，振扬威武，擒剪叛亡，慰劳黎庶，军民事务，一以委之。』素复乘传至会稽。先是，泉州人王国庆，南安豪族也，杀刺史刘弘，据州为乱，诸亡贼皆归之。自以海路艰阻，非北人所习，不设备伍。素泛海掩至，国度遑遽，弃州而走，余党散入海岛，或守溪洞。素分遣诸将，水陆追捕。乃密令人谓国庆曰：『尔之罪状，计不容诛。唯有斩送智慧，可以塞责。』国庆于是执送智慧，斩于泉州。自余支党，悉来降附，江南大定。上遣左领军将军独孤陀至浚仪迎劳。比到京师，问者日至。拜素子玄奖为仪同，赐黄金四十斤，加银瓶，实以金钱，缣三千段，马二百匹，羊二千口，公田百顷，宅一区。代苏威为尚书右仆射，与高颎专掌朝政。

素性疏而辩，高下在心，朝臣之内，颇推高颎，敬牛弘，厚接薛道衡，视苏威蔑如也。自余朝贵，多被陵轹。其才艺风调，优于高颎，至于推诚体国，处物平当，有宰相识度，不如颎远矣。

寻令素监营仁寿宫，素遂夷山堙谷，督役严急，作者多死，宫侧时闻鬼哭之声。及宫成，上令高颎前视，奏称颇伤绮丽，大损人丁，高祖不悦。素忧惧，计无所出，即于北门启独孤皇后曰：『帝王法有离宫别馆，今天下太平，造此一宫，何足损费！』后以此理谕上，上意乃解。于是赐钱百万，锦绢三千段。

十八年，突厥达头可汗犯塞，以素为灵州道行军总管，出塞讨之，赐物二千段，黄金百斤。先是，诸将与虏战，每虑胡骑奔突，皆以戎车步骑相参，舆鹿角为方阵，骑在其内。素谓人曰：『此乃自固之道，非取胜之方也。』于是悉除旧法，令诸军为骑阵。达头闻之大喜，曰：『此天赐我也。』因下马仰天而拜，率精骑十余万而至。素奋击，大破之，达头被重创而遁，刹伤不可胜计，群虏号哭而去。优诏褒扬，赐缣二万匹，及万钉宝带。加子玄感位大将军，玄奖、玄纵、积善并上仪同。

素多权略，乘机赴敌，应变无方，然大抵驭戎严整，有犯军令者，立斩之，无所宽贷。每将临寇，辄求人过失而斩之，多者百余人，少不下十数。流血盈前，言笑自若。及其对阵，先令一二百人赴敌，陷阵则已，如不能陷阵而还者，无问多少，悉斩之。又令三二百人复进，还如向法。将士股栗，有必死之心，由是战无不胜，称为名将。素时贵幸，言无不从，其从素征伐者，微功必录，至于他将，虽有大功，多为文吏所谴却。故素虽严忍，士亦以此愿从焉。

二十年，晋王广为灵朔道行军元帅，素为长史。王卑躬以交素。及为太子，素之谋也。

仁寿初，代高颎为尚书左仆射，赐良马百匹，牝马二百匹，奴婢百口。其年，以素为行军元帅，出云州击突厥，连破之。突厥退走，率骑追蹑，至夜而及之。将复战，恐贼越逸，令其骑稍后。于是亲将两骑，并降突厥二人，与虏并行，不之觉也。候其顿舍未定，趣后骑掩击，大破之。自是突厥远遁，碛南无复虏庭。以功进子玄感位为柱国，玄纵为淮南郡公。赏物二万段。

及献皇后崩，山陵制度，多出于素。上善之，下诏曰：

君为元首，臣则股肱，共治万姓，义同一体。上柱国、尚书左仆射、仁寿宫太监、越国公素，志度恢弘，机鉴明远，怀佐时之略，包经国之才。王业初基，霸图肇建，策名委质，受脤出师，擒剪凶魁，克平虢、郑。频承庙算，扬旌江表，每禀戎律，长驱塞阴，南指而吴、越肃清，北临而獯、猃摧服。自居端揆，参赞机衡，当朝正色，直言无隐。论文则词藻纵横，语武则权奇间出，既文且武，唯朕所命，任使之处，夙夜无怠。

献皇后奄离六宫，远日云及，茔兆安厝，委素经营。然葬事依礼，唯卜泉石，至如吉凶，不由于此。素义存奉上，情深体国，欲使幽明俱泰，宝祚无穷。以为阴阳之书，圣人所作，祸福之理，特须审慎。乃遍历川原，亲自占择，纤介不善，即更寻求，志图元吉，孜孜不已。心力备尽，人灵协赞，遂得神皋福壤，营建山陵。论素此心，事极诚孝，岂与夫平戎定寇，比其功业？非唯廊庙之器，实是社稷之臣，若不加褒赏，何以申兹劝励？可别封一子义康郡公，邑万户，子子孙孙，承袭不绝。余如故。

并赐田三十顷，绢万段，米万石，金钵一，实以金，银钵一，实以珠，并绫锦五百段。

时素贵宠日隆，其弟约、从父文思、弟文纪，及族父异，并尚书列卿。诸子无汗马之劳，位至柱国、刺史。家僮数千，后庭妓妾曳绮罗者以千数。第宅华侈，制拟宫禁。有鲍亨者，善属文，殷胄者，工草隶，并江南士人，因高智慧没为家奴。亲戚故吏，布列清显，素之贵盛，近古未闻。炀帝初为太子，忌蜀王秀，与素谋之，构成其罪，后竟废黜。朝臣有违忤者，虽至诚体国，如贺若弼、史万岁、李纲、柳彧等，素皆阴中之。若有附会及亲戚，虽无才用，必加进擢。朝廷靡然，莫不畏附。唯兵部尚书柳述，以帝婿之重，数于上前面折素。大理卿梁毗，抗表上言，素作威作福。上渐疏忌之，后因出敕曰：『仆射国之宰辅，不可躬亲细务，但三五日一度向省，评论大事。』外示优崇，实夺之权也。终仁寿之末，不复通判省事。上赐王公以下射，素箭为第一，上手以外国所献金精盘，价直钜万，以赐之。

四年，从幸仁寿宫，宴赐重叠。

及上不豫，素与兵部尚书柳述、黄门侍郎元岩等入阁侍疾。时皇太子入居大宝殿，虑上有不讳，须豫防拟，乃手自为书，封出问素。素录出事状以报太子。宫人误送上所，上览而大恚。所宠陈贵人，又言太子无礼。上遂发怒，欲召庶人勇。太子谋之于素，素矫诏追东宫兵士帖上台宿卫，门禁出入，并取宇文述、郭衍节度，又令张衡侍疾。上以此日崩，由是颇有异论。

汉王谅反，遣茹茹天保来据蒲州，烧断河桥。又遣王聃子率数万人并力拒守。素将轻骑五千袭之，潜于渭口宵济，迟明击之，天保败走，聃子惧而以城降。有诏征还。初，素将行也，计日破贼，皆如所量。帝于是以素为并州道行军总管、河北安抚大使，率众数万讨谅。时晋、绛、吕三州并为谅城守，素各以二千人縻之而去。谅遣赵子开拥众十余万，策绝径路，屯据高壁，布阵五十里。素令诸将以兵临之，自引奇兵潜入霍山，缘崖谷而进，直指其营，一战破之，杀伤数万。谅所署介州刺史梁修罗屯介休，闻素至，惧，弃城而走。进至清源，去并州三十里，谅率其将王世宗、赵子开、萧摩诃等，众且十万，来拒战。又击破之，擒萧摩诃。谅退保并州，素进兵围之，谅穷蹙而降，余党悉平。

帝遣素弟修武公约赍手诏劳素曰：

我有隋之御天下也，于今二十有四年，虽复外夷侵叛，而内难不作，修文偃武，四海晏然。朕以不天，衔恤在疚，号天叩地，无所逮及。朕本以藩王，谬膺储两，复以庸虚，纂承鸿业。天下者，先皇之天下也，所以战战兢兢，弗敢失坠，况复神器之重，生民之大哉！

贼谅包藏祸心，自幼而长，羊质兽心，假托名誉，不奉国讳，先图叛逆，违君父之命，成莫大之罪。诳惑良善，委任奸回，称兵内侮，毒流百姓。私假署置，擅相谋戮，小加大，少凌长，民怨神怒，众叛亲离，为恶不同，同归于乱。朕寡兄弟，犹未忍及言，是故开关门而待寇，戢干戈而不发。朕闻之，天生蒸民，为之置君，仰惟先旨，每以子民为念，朕岂得枕伏苫卢，颠而不救也！大义灭亲，《春秋》高义，周旦以诛二叔，汉启乃戮七藩，义在兹乎？事不获已，是以授公戎律，问罪太原。且逆子贼臣，何代不有，岂意今者，近出家国。所叹荼毒甫尔，便及此事。由朕不能和兄弟，不能安苍生，德泽未弘，兵戈先动，贼乱者止一人，涂炭者乃众庶。非唯寅畏天威，亦乃孤负付嘱，薄德厚耻，愧乎天下。

公乃先朝功臣，勋庸克茂。至如皇基草创，百物惟始，便匹马归朝，诚识兼至。汴部、郑州，风卷秋箨，荆南、塞北，若火燎原，早建殊勋，夙著诚节。及献替朝端，具瞻惟允，爰弼朕躬，以济时难。昔周勃、霍光，何以加也！贼乃窃据蒲州，关梁断绝，公以少击众，指期平殄。高壁据崄，抗拒官军，公以深谋，出其不意，雾廓云除，冰消瓦解，长驱北迈，直趣巢窟。晋阳之南，蚁徒数万，谅不量力，犹欲举斧。公以棱威外讨，发愤于内，忘身殉义，亲当矢石。兵刃暂交，鱼溃鸟散，僵尸蔽野，积甲若山。谅遂守穷城，以拒鈇钺。公董率骁勇，四面攻围，使其欲战不敢，求走无路，智力俱尽，面缚军门。斩将搴旗，伐叛柔服，元恶既除，东夏清晏，嘉庸茂绩，于是乎在。昔武安平赵，淮阴定齐，岂若公远而不劳，速而克捷者也。朕殷忧谅闇，不得亲御六军，未能问道于上庠，遂使劬劳于行阵。言念于此，无忘寝食。公乃建累世之元勋，执一心之确志。古人有言曰：『疾风知劲草，世乱有诚臣。』公得之矣。乃铭之常鼎，岂止书勋竹帛哉！功绩克谐，哽叹无已。稍冷，公如宜。军旅务殷，殊当劳虑，故遣公弟，指宣往怀。迷塞不次。

素上表陈谢曰：

臣自惟虚薄，志不及远，州郡之职，敢惮劬劳，卿相之荣，无阶觊望。然时逢昌运，王业惟始，虽涓流赴海，诚心屡竭，轻尘集岳，功力盖微。徒以南阳里闾，丰、沛子弟，高位重爵，荣显一时。遂复入处朝端，出总戎律，受文武之任，预帷幄之谋。岂臣才能，实由恩泽。欲报之德，义极昊天。伏惟陛下照重离之明，养继天之德，牧臣于疏远，照臣以光晖，南服降枉道之书，春宫奉肃成之旨。然草木无识，尚荣枯候时，况臣有心，实自效无路。昼夜回徨，寝食惭惕，常惧朝露奄至，虚负圣慈。

贼谅包藏祸心，有自来矣，因幸国哀，便肆凶逆，兴兵晋、代，摇荡山东。陛下拔臣于凡流，授臣以戎律，蒙心膂之寄，禀平乱之规。萧王赤心，人皆以死，汉皇大度，天下争归，妖寇廓清，岂臣之力！曲蒙使臣弟约赍诏书问劳，高旨峻笔，有若天临，洪恩大泽，便同海运。悲欣惭惧，五情振越，虽百殒微躯，无以一报。

其月还京师，因从驾幸洛阳，以素领营东京太监。以平谅之功，拜其子万石、仁行，侄玄挺，皆仪同三司，赍物五万段，绮罗千匹，谅之妓妾二十人。大业元年，迁尚书令，赐东京甲第一区，物二千段。寻拜太子太师，余官如故。前后赏锡，不可胜计。明年，拜司徒，改封楚公，真食二千五百户。其年，卒官。谥曰景武，赠光禄大夫、太尉公、弘农河东绛郡临汾文城河内汲郡长平上党西河十郡太守。给辒车，班剑四十人，前后部羽葆鼓吹，粟麦五千石，物五千段。鸿胪监护丧事。帝又下诏曰：『夫铭功彝器，纪德丰碑，所以垂名迹于不朽，树风声于没世。故楚景武公素，茂绩元勋，勋劳王室，竭尽诚节，协赞朕躬。故以道迈三杰，功参十乱。未臻遐寿，遽戢清徽。春秋递代，方绵岁祀，式播雕篆，用图勋德，可立碑宰隧，以彰盛美。』素尝以五言诗七百字赠番州刺史薛道衡，词气宏拔，风韵秀上，亦为一时盛作。未几而卒，道衡叹曰：『人之将死，其言也善，岂若是乎！』有集十卷。

素虽有建立之策，及平杨谅功，然特为帝所猜忌，外示殊礼，内情甚薄。太史言隋分野有大丧，因改封于楚。楚与隋同分，欲以此厌当之。素寝疾之日，帝每令名医诊候，赐以上药。然密问医人，恒恐不死。素又自知名位已极，不肯服药，亦不将慎，每语弟约曰：『我岂须更活耶？』素负冒财货，营求产业，东、西二京，居宅侈丽，朝毁夕复，营缮无已，爰及诸方都会处，邸店、水碓并利田宅以千百数，时议以此鄙之。子玄感嗣，别有传。诸子皆坐玄感诛死。

【译文】

杨素，字处道，弘农郡华阴县人，祖父杨暄，在西魏担任辅国将军、谏议大夫。父亲杨敷，担任北周的汾州刺史，后来死在北齐。杨素年轻的时候落拓不羁，心有大志，不拘小节，但社会上人们大多还不了解他，只有他的从叔祖父杨魏和尚书仆射杨宽觉得他与众不同，常对子孙们说：『处道当会超群绝伦，成非常之器，不是你们所能比得上的。』后来杨素与安定郡的牛弘志趣相同，都很好学，钻研学问而不厌倦，通晓和涉猎了许多书。杨素很会写文章，书法方面擅长草书和隶书，还很注意研究占卜吉凶的风角术。他长着一部很好看的大胡须，生成一副英杰的外表。北周大冢宰宇文护用他做了中外记室，后又转任礼曹，并加给他大都督的官职。周武帝亲掌国政后，杨素因为他的父亲坚守节操而身死于齐，还不曾受到朝廷嘉命，便上表申诉。武帝不答应，杨素便再三上表请求。武帝大怒，命令左右把杨素斩首。杨素大声说：『臣侍奉无道的天子，应分该死！』武帝觉得他话说得很豪壮，于是追赠他的父亲杨敷为大将军，赐谥号为『忠壮』。武帝又任命杨素为车骑大将军、仪同三司，杨素渐渐地受到了武帝的礼遇。武帝命杨素草拟诏书，杨素下笔立成，文辞和意思都很美。武帝称赞他，看着他说：『好好努力吧，莫愁不富贵。』杨素应声回答说：『只怕富贵来催逼臣，臣却无心图富贵。』

到平定北齐战役的时候，杨素请求率领他父亲原来的军队打先锋。武帝答应了，并赐给他一支竹马鞭，说：『我正打算派大军出征，因此把这件东西赐给您。』杨素跟从齐王宇文宪在河阴与北齐的军队作战，因战功被封为清河县子，封邑五百户。这年又授给他司城大夫的官职。第二年再次跟从宇文宪出征，攻取了北齐的晋州。宇文宪把部队驻扎在鸡栖原。北齐君主率大军到来，宇文宪害怕而连夜逃跑，被齐兵跟踪追击，部队大多溃败。杨素与十多员勇将尽力苦战，才仅仅使宇文宪免遭灾难。这以后杨素每次战斗都有功。到北齐被平定后，朝廷加杨素上开府的官职，并改封他为安成县公，封邑一千五百户，又赐给他粮食、布帛、奴婢和各种牲畜。杨素又跟从王轨在吕梁打败了陈将吴明彻，并负责治理东楚州的事。朝廷封杨素的弟弟杨慎为义安侯。陈将樊毅在泗口筑城，杨素打跑了樊毅，平毁了他所筑的城。

周宣帝即位后，杨素承袭父爵为临贞县令，弟弟杨约做了安成公。不久随从韦孝宽攻略淮南，杨素分兵攻取了盱眙、钟离。

等到后来的隋高祖杨坚在周做了丞相，杨素与他结成深交。杨坚很器重他，让他做了汴州刺史。杨素去汴州上任走到洛阳，正赶上尉迟迥作乱，荥州刺史宇文胄据守虎牢以响应尉迟迥，因此杨素不得前进。杨坚任命杨素为大将军，让他调发河内的军队攻打宇文胄。杨素把宇文胄打败了。杨素被调任徐州总管，并被提升为柱国，封清河郡公，封邑两千户。杨素的弟弟杨约做了临贞公。隋高祖受禅代周之后，又加封杨素为上国柱。隋开皇四年，任命杨素做了御史大夫，杨素的妻子郑氏性情强悍，杨素气愤地对她说：『我要是做了天子，你一定不配做皇后。』郑氏把这话上奏朝廷，杨素因此获罪而被罢了官。

当时高祖正打算吞并江南地区。因此，杨素曾多次进献夺取陈的计谋，所以没过多久，高祖便任命他做了信州总管，赐给他钱百万，锦三千段，马二百匹，打发他上任。杨素上任后居住在永安，制造大舰船，名叫五牙，船上造起五层楼，高一百多尺，在船的左右前后设置六具可发射石块等的拍竿，拍竿都高五十尺，船上可容战士八百人，桅杆上挂有旗帜。次一等的舰船名叫黄龙，载兵百人。其余名叫平乘、舴艋等的舰船，都依次渐小。等到大举伐陈的时候，高祖任命杨素为行军元帅，率领水军直奔三硖。水军到达流头滩的时候，陈将戚欣用青龙战船一百多艘、驻兵好几千人扼守下游的狼尾滩，以阻止隋军的进军之路。狼尾滩地形险峭，将领们都很担心。杨素说：『胜败大计，在此一举。如果白天放船东下，陈军就可以看见我们，加上滩流迅激，战船很难听人控制，那我们就会失去有利条件。』于是决定利用夜间乘敌不备发动袭击。杨素亲自率领黄龙战船几千艘，令战士衔枚秘密东下。同时派遣开府王长袭带步兵从南岸袭击戚欣的另一军栅，又命大将军刘仁恩率领铁甲骑兵直奔白沙北岸。将近黎明的时候，隋军都赶到指定地点，对陈军发起攻击，戚欣战败而逃。隋军把戚欣的军队全部俘虏，对俘虏加以慰劳然后遣返回陈，对陈的百姓秋毫无犯，陈人都很高兴。杨素率水军东下，战船满江，旌旗和铠甲在阳光下辉耀。杨素乘坐在平乘号大船上，容貌雄伟，陈人看见了都很害怕地说：『清河公就是江神呢！』陈朝的南康内史吕仲肃带兵屯驻在岐亭，正占据着江峡。吕仲肃命人在江北岸凿穿山岩，缀上三条铁锁链，横截江水的上流，以阻止隋的战船。杨素与刘仁恩登陆上岸，一同出发，先攻击陈军的军栅。吕仲肃的军队夜间溃败。杨素军不慌不忙地去掉了横江锁链。吕仲肃又据守荆门的延洲。杨素派遣巴蜑兵千人，分乘四艘五牙号战船，操起柏木桅杆击碎陈军战船十多艘，于是大败陈军，俘虏了陈的甲士两千多人，只有吕仲肃一人得以逃脱。陈朝君主派遣他的信州刺史顾觉镇守安蜀城，荆州刺史陈纪镇守公安，可是顾、陈二人都因惧怕隋军而退走了。陈朝的巴陵以东的地方，没有敢于据守的人。陈的汀州刺史、岳阳王陈叔慎派遣使者前来向隋军请求投降。杨素率军东下到达汉口，与秦孝王宇文俊相会。这次伐陈回来后，杨素被任命为荆州总管，进封爵位为郢国公，封邑三千户，实食长寿县赋税一千户。他的儿子玄感被封为仪同官，另一子玄奖被封为清河郡公。赐给杨素丝织物万段，粮食万石，还有金宝，又把俘获来的陈后主的妹妹以及十四名女妓赐给了他。杨素对高祖说：『里名叫作胜母，曾子就不进去。叛逆之人王谊以前曾被封在郢地，因此臣的封爵不愿与他同号。』于是高祖又改封他为越国公。不久又任命他为纳言。过了一年多，又调任为内史令。

不久江南人李稜等聚集众人叛乱，叛乱势力大的有好几万人，小的也有几千人，他们互相声援、互相影响，杀害地方长官，隋朝廷任命杨素为行军总管，率军讨伐叛乱。乱贼朱莫问自称南徐州刺史，用众多的兵力据守京口。杨素率领水军从杨子津进入京口，进攻朱莫问而把他打败。晋陵的顾世兴自称太守，与他的都督鲍迁等人又来拒战。杨素打败了他们，抓住了鲍迁，俘虏了三千多人。杨素进攻无锡的贼帅叶略，又把他打败了。吴郡的沈玄侩、沈杰等用兵包围苏州，苏州刺史皇甫绩多次作战不利，杨素率兵支援皇甫绩。沈玄侩被兵势所迫，逃跑投奔南沙贼帅陆孟孙。杨素在松江对陆孟孙发起攻击，把他打得大败，活捉了陆孟孙、沈玄侩。黟、歙一带的贼帅沈雪、沈能依据军栅自守，杨素又把他们攻克了。浙江贼帅高智慧，自号东扬州刺史，拥有战船千艘，屯兵据守要害之地，兵力很强劲。杨素向高智慧发起攻击，从清早一直到傍晚，经过苦战把他打败了。高智慧逃到海上。杨素跟踪追击，从余姚泛海直奔永嘉。高智慧前来拒战，杨素把他打跑了，抓获了他的好几千人。贼帅汪文进自称天子，盘踞东阳，任命他的同伙蔡道人做司空，据守乐安。杨素进兵讨伐，把他们全都平定了。杨素又打败了永嘉的贼帅沈孝彻。于是向天台县进兵，又抵达临海郡，追捕逃亡和遗漏的贼寇。杨素前后经过一百多次战斗。高智慧逃到闽越据守。

高祖因为杨素长期在外征战辛劳，命令驿马迅速传命召他回朝。高祖加封他的儿子杨玄感官为上开府，赐给杨素丝织物三千段。杨素因为还有残余的乱贼没有消灭，恐怕造成后患，又向朝廷请求出征。于是高祖下诏书说：『朕为百姓的事忧虑操劳，常常到晚上都忘记吃饭。一事不当，就深感不安。江南那些狂妄狡诈之徒，兴妖作乱，虽经消灭扫除，人民还未安定。现在仍然有乱贼头目，逃亡在深山洞穴，怕他们再聚结起来，重又扰乱百姓。内史令、上柱国、越国公杨素，见识通达古今，谋虑长远，曾经助兴王室，旧著威名，适宜统率大兵，总任为元帅。宣布朝廷命令于天下，振扬国家的武威，捉拿和消灭叛亡者，慰劳百姓，军事和民事，都委任杨素全权处理。』杨素又乘驿车到达会稽。前此，泉州人王国庆，是南安的豪族，杀死了刺史刘弘，占据泉州作乱，各地逃亡的叛贼都归附到他这里。王国庆自以为海路艰难险阻，北方人不习惯，因此没有设兵防守。杨素从海路突然来袭，国庆仓皇失措，弃州而逃，他的余党溃散，逃入海岛，或逃到山溪、山洞自守。杨素分遣将领们，由水路、陆路同时追捕。又秘密派人对国庆说：『按你的罪状，那是死有余辜。只有斩送高智慧，可以免去死罪。』于是国庆把高智慧抓了送来，在泉州斩杀了。其余乱贼支党，都来投降归附，江南于是大为安定。高祖派左领将军独孤陀到浚仪迎接和慰劳杨素。等回到京师，天天都有人来慰问。朝廷又任命杨素的儿子杨玄奖做了仪同官，赐给杨素黄金四十斤，还加赐一只银瓶，里边装满金钱，又赐给缣三千段，马二百匹，羊两千头，公田一百顷，住宅一处。高祖命杨素代苏威为尚书右仆射，与高颎共同执掌朝政。

杨素性情疏略却又好察辨，事无大小都放在心上。在朝臣们当中，他很推重高颎，尊敬牛弘，深交薛道衡，而很看不起苏威。其余的朝廷贵臣，多被他侮辱。他的才艺风度，优于高颎，至于斟酌国家的方针大计，为人处世公平允当，有宰相的见识和气度，这些方面比之高颎，就差远了。

不久朝廷命杨素监造仁寿宫。杨素于是平山填谷，监督役徒严而苛急，役徒死了很多，宫殿旁时时听到鬼哭声。等到宫殿建成，高祖命高颎前去视察。高颎回来后向高祖报告说宫殿过于豪华，死人太多。高祖听了心中不快。杨素因此很担心害怕，又无计可施，就到北门向独孤皇后启奏说：『帝王依法可以有离宫别馆，现在天下太平，建造这样一座宫殿，对国家财政能有什么损害呢！』皇后把这道理告诉高祖，高祖对杨素的不满情绪才得消解，于是赐给杨素钱百万，锦和绢三千段。

开皇十八年，突厥达头可汗侵犯边塞，朝廷命杨素为灵州道行军总管，出塞讨伐，赐给他丝织物两千段，黄金百斤。前此，诸将与胡人作战，常担心胡人骑兵奔突冲撞，都用军车、步兵和骑兵相掺杂，用车和树木作障碍物布置在周围组成方阵，而把骑兵放在里边。杨素对人说：『这只是加强防守的办法，不是取胜的办法。』于是把老办法全部废除，命令各军组成骑兵阵。达头可汗听到这情况后大喜，说：『这是天赐给我的取胜良机。』因此下马抬头向天而拜，率十多万精锐骑兵到来。杨素指挥军队奋勇出击，大败突厥兵。达头身负重伤而逃，被杀伤的突厥兵数也数不清，突厥兵哭号着离去了。高祖下诏表扬，赐给杨素缣二万匹，并赐给一条万钉宝带。又加封杨玄感为大将军，玄奖、玄纵、积善都做了上仪同。

杨素多权谋计略，善于抓住时机赴敌作战，灵活应变而无一定之方，然而大体上率军严整，有违反军令的，立即斩杀，无所宽恕。每当临战时，就要找人的过错杀人，多的一次杀一百多人，少的也不下十几人，面前流满鲜血，他也谈笑自若。等到与敌对阵时，先命一二百人向敌冲击，能陷入敌阵则罢，如果有不能陷阵而还的，不问多少人，全部斩杀。接着又命二三百人向敌冲击，还是照老办法行事。将士们都吓得两腿发抖，产生了必死之心而不敢图侥幸，因此能够战无不胜，称为名将。杨素当时在朝廷的地位贵宠，高祖对他言无不从。跟从杨素征战的人，有一点点功劳也要记录上报，至于其他将领，虽立有大功，也多被文吏所挑剔而不得上报。所以杨素虽然严酷残忍，将士们也因此而愿意跟从他。

天皇二十年，晋王杨广为灵朔道行军元帅，杨素为长史。晋王屈尊与杨素结交。到后来杨广做太子，都是由于杨素的谋划。

仁寿初年，杨素代高颎为尚书左仆射。高祖赐给杨素好马百匹，雌马二百匹，奴婢百口。这年，杨素为行军元帅，从云州出兵攻打突厥，连连打败突厥军。突厥退走。杨素率领骑兵跟踪追击，到夜晚追上突厥兵。杨素将与突厥兵再战，又怕突厥兵逃跑，便命令他的骑兵稍后于突厥兵。而他自己却带领两名骑兵，和两个投降的突厥人，与突厥兵并排而行，突厥兵未能发觉他们。等到突厥兵安顿人马休息而尚未安定的时候，杨素促令后面的骑兵突然发起攻击，把突厥兵打得大败。从此突厥人逃往远方，碛南再没有突厥人。因为杨素的战功，朝廷提升他的儿子玄感为柱国，玄纵为淮南郡公，赏赐杨素丝织物二万段。

到献皇后死的时候，陵墓制度大多是由杨素制定的。高祖很满意，下诏书说：

君是元首，臣是四肢，共同治理百姓，君臣的关系就像一体同身一样。上柱国、尚书左仆射、仁寿宫大监、越国公杨素，志向和气度宏大，善于观察机宜而目光深远，怀有辅佐时势的韬略，抱有治理国家的才能。在王业初定基础，霸图开始建立的时候，杨素就在朝任职，受命于祖庙而出师，消灭凶魁，平定了盘踞虢、郑一带的北齐，他多次接受朝廷的命令，扬旌旗于江南，每每领受军事，长驰驱到塞北。向南而吴、越一带被肃清，向北而猃狁被摧服。自从担任宰相，助理朝政，在朝廷上正色不阿，直言不讳。论他的文才则辞藻纵横，论他的武略则权谋奇计更迭而出。既能文又能武，只听朕命而用，凡受命出使之处，一天到晚都不懈怠。

献皇后忽离六宫而逝，已有多日，坟茔兆域的安置，委任杨素经营。然而安葬的事依礼而行，只是卜选安葬之地，以至探究葬地的吉凶，不依随旧制。杨素一心奉上，深明国体，要使死者和健在者都能获得安泰，使王业永存无穷。杨素以为有关阴阳的书，都是圣人所作，其中有关祸福的道理，特别需要审慎探究。于是他遍历山川平原，亲自占卜选择茔地，所选的茔地有一点不满意的地方，就要另外再寻求，一心要求得大吉，为此而孜孜不倦。杨素费尽心力，死者的神灵赞助他，终于寻得了风水宝地，营建陵墓。要论杨素这番心意，真是忠诚孝敬之极，难道能用平定敌寇乱贼，来比拟他的功业？杨素不只是朝廷宰相之器，实在是国家社稷之臣，如果不加褒赏，还用什么来劝励臣民？可另封他的一个儿子为义康郡公，封邑万户，子子孙孙袭封不绝。其余的杨氏子弟照旧。

并赐给杨素田三十顷，绢万段，米万石，金钵一只，当中装满金，银钵一只，当中装满珠，还赐给绫锦五百段。

当时杨素的贵宠一天天加隆，他的弟弟杨约、从父杨文思、思弟杨文纪，以及族父杨异，都在朝廷做了尚书列卿。他的儿子们没有汗马功劳，都位至柱国、刺史。杨素的家童有好几千人，后庭穿着绫罗绸缎的妓妾有一千多。杨氏的宅第豪华奢侈，规格都比照隋帝的居所。有个叫鲍亨的人，善于写文章。还有个叫殷胄的人，擅长草书和隶书。这两个人都是江南的士人，因受高智慧的牵连而被没为杨素的家奴。杨素的亲戚故吏，都安置在清闲而显要的官位上。像杨素这样的贵盛，近古以来还不曾有过。隋炀帝初做太子的时候，忌讳蜀王杨秀，与杨素谋划，设法构成杨秀之罪，后来竟把他给废黜了。朝臣中如果有违背杨素意志的人，即使是出于为国家着想的一片至诚之心，如像贺若弼、史万岁、李纲、柳彧等人，杨素都要对他们暗中加害。如果有附会他的人，或者是他的亲戚，即使没有什么才能用处，也一定加以提拔。因此朝臣们一边倒，没有不畏惧而依附他的。只有兵部尚书柳述，以皇帝女婿的贵重身份，多次在高祖跟前当面批驳杨素。大理卿梁毗，上疏朝廷说，杨素作威作福。高祖因此渐渐疏远和疑忌杨素，后来下命令说：『尚书仆射是国家的宰辅，不可亲自过问具体事务，只需三五天到尚书省去一次，评论大事就行了。』表面上示以优礼和尊崇，实际上是削夺他的权力。一直到仁寿末年，杨素都不再具体处理省中事务。高祖赐给王公以下射具，赐给杨素的箭是第一等的，高祖亲手用外国进献的价值上万金的金精盘盛箭，赐给杨素。仁寿四年，杨素跟从高祖到仁寿宫，高祖对他一次又一次地宴飨和赏赐。

到高祖生病的时候，杨素与兵部尚书柳述、黄门侍郎元岩等人进入阁中侍候疾病。这时皇太子住进了大宝殿，担心高祖可能会死，必须预先有所防备，于是亲自写信，封好了送出去询问杨素。杨素录写了所应准备的各条事项回报太子。没想到宫人误把杨素的回信送到了高祖那里，高祖看信后大为怨恨。高祖所宠爱的陈贵人，又说太子对她无礼。皇上于是发怒，想召曾为太子而后来被废为庶人的杨勇前来。太子杨广与杨素谋划，杨素于是假传诏令，追发文帖调东宫兵士进入宫台中值宿警卫，宫门和禁中出入，都由宇文述、郭衍控制，又令太子的亲信、黄门郎张衡前来侍候高祖的病。高祖就在这一天死了，因此人们对高祖的死因很有一些不同的看法。

汉王杨谅反，派遣部将茹茹天宝占据蒲州，烧断河桥，又派遣王聃子率兵几万人前来与茹茹天宝并力据守蒲州。杨素率领五千轻装精锐的骑兵袭击蒲州，暗中进兵到渭口，夜里渡过河去，待到将近黎明的时候发起攻击。茹茹天宝被打败逃走，王聃子因害怕而举城投降。隋炀帝下诏召杨素回来。当初，杨素将要率军出发的时候，计算好打败反贼的日期，结果都如他所预计的那样实现了。炀帝于是用杨素为并州道行军总管、河北安抚大使，率兵好几万讨伐杨谅。当时晋、绛、吕三州都为杨谅守城，杨素各派两千兵牵制他们，率大兵而去。杨谅派遣赵子开率兵十万，断绝道路，把军队屯据在名叫高壁的地方，布阵五十里。杨素命将领们带兵前往高壁，而自己率领一支奇兵暗中潜入霍山，攀缘岩谷而进，直捣赵子开的军营，一仗就把他打败了，杀伤了好几万人。杨谅任命的介州刺史梁修罗屯兵在介休，听说杨素到来，心中害怕，弃城而逃。杨素率兵前进到清源县，离并州三十里路的时候，杨谅率他的将领王世宗、赵子开、萧摩诃等，拥有兵众将近十万，前来拒战。杨素又把他们打败了，并抓获了萧摩诃。杨谅退兵保守并州。杨素进兵包围并州。杨谅势穷而投降，他的余党也全都被平定了。炀帝派遣杨素的弟弟修武公杨约带着自己的亲笔诏书前去慰劳杨素，诏书说：

我隋朝统治天下，到今天已经二十四年了，虽然有外族侵扰和叛乱的事情发生，而内难却不曾发生过，朝廷加强文治，偃息武功，天下安定。朕因丧失父皇，深怀忧伤，呼天叩地，也不可追及了。朕本是藩王，谬蒙圣恩立为太子，又以平庸浅薄之身，继承大业。天下是先皇的天下，所以朕战战兢兢，不敢有所失误，又何况身负国家政权和人民生死存亡的重大责任呢！

反贼杨谅包藏祸心，从小到大，皮肉似羊而心却像野兽一般凶残。他假托朝廷赋予的名誉，不尊奉皇帝，先图谋叛逆，违背君父的命令，构成莫大的罪行。他欺骗诱惑善良的人，委任奸诈邪僻的人，举兵内乱，流毒百姓。他私假威权署置官属，擅自谋开杀机，小的却想僭加大的之上，年少的却想凌辱年长的，致使民怨神怒，众叛亲离。他和他的下属所造过恶虽有不同，但最后都同归于叛乱。朕缺少兄弟，不忍心说起他的罪行，因此打开关门以待寇贼的到来，收敛起武器而不先发。朕听说：『天生下人民，又为人民设置君主。』仰思先圣的意旨，就是常常考虑到人民。朕难道能够一味守丧，置人民的苦难而不救吗！大义灭亲，这是《春秋》所提倡的高尚道义。周公旦诛杀管、蔡二叔，汉景帝刘启戮杀吴、楚等七个藩王，他们所奉行的道义就在于此吧。事出迫不得已，所以授公以军事，前往太原问罪。逆子贼臣，哪一个朝代没有？但没想到今天，就近在自己的家国之中。所可叹息的是，叛乱荼毒人民才开始，就发兵问罪讨叛。由于朕不能使兄弟和睦，不能使百姓安定，恩泽还没能广施天下，就先打起仗来，叛乱的贼子只是一人，因战争而遭受灾难的却是百姓。这样做不只是敬畏天威，也辜负了先君的嘱咐，积德薄而积耻厚，朕有愧于天下之人。

公是先朝的功臣，功勋卓著。在皇室的基业刚开始建立、百事待举的时候，公便单身匹马而归我朝，可见公的忠诚和卓识兼备。公平定汴部、郑州，如风卷秋树的落叶一般；出征荆南、塞北，若野火燎原一样。公早就建立了特殊的功勋，并显示出忠诚的节操。至于对朝政发表意见，朝臣们都认为公允正确，于是辅佐朕身，以度过困难时期。即使从前的周勃、霍光，又怎能超过公呢！叛贼竟然私据蒲州，断绝交通要道，公以少击多，如期平灭了叛贼。高壁的叛军依仗险要地形，抗拒官军，公用深谋，出其不意，扫除了云雾，使叛军冰消瓦解，又长驱北进，直捣叛军的巢窟。晋阳之南，叛乱的蚁合之徒好几万，杨谅自不量力，仍想与官军对抗。公以威势出外讨贼，义愤发于内心，舍生忘死以殉大义，亲自冲锋在前。只经过短暂的交锋，叛贼就鱼溃鸟散，僵尸遍野，丢弃的铠甲堆积如山。杨谅于是只好孤守并州穷城，以抗拒官军。公督率勇士，四面围攻，使杨谅欲战不敢，求走无路，智穷力尽，只好投降。斩杀敌将，拔取敌旗，讨伐叛逆，柔服敌众，首恶已除，东方安定，公所建树的美功茂绩，正在于此。从前秦武安君平定赵国，汉淮阴侯平定齐国，难道能够比得上公这样的远征而不劳众、迅速克敌制胜吗？朕正在深忧守丧期间，不能亲自指挥六军，也未能去大学问道请教，于是使公辛劳于军阵之中。想到这里，不能不废寝忘食。公建立了使人们世世不忘的大功勋，并持有坚定不移的心志。古人说过这样的话：『遇到迅疾的风才知道什么草强劲有力，世道混乱的时候就会显出忠臣。』公正可称得上这两句话。公的功勋应当铭刻在永存的鼎上，岂止是记载在竹帛上呢！公的功绩完满和谐，令人感叹不已。天气已渐冷，公应多加保重。军中事务繁多，特别操心劳累，因此派遣公的弟弟前往宣旨抚慰。朕迷塞不明，语无伦次。

杨素上表给炀帝致谢说：

臣自思空疏浅薄，志虑不远，出任州郡之职，不敢怕辛劳，至于卿相的尊荣，无由抱非分之想。然而遇到了昌隆幸运的时代，恰逢王业开始奠基，虽然我只是一条细小的流水奔赴大海，屡屡竭尽自己的诚心，也不过像那轻微的尘埃集于山岳之上，所能起的作用是十分细微的。只不过像光武帝的南阳同乡，汉高祖的丰、沛子弟那样，（因为是先帝的同乡，特蒙眷顾），所以赐臣高位重爵，使臣得荣显一时。接着又使臣任宰辅之职，出则总统军事，使臣承担文武重任，参与朝廷机谋。这些难道是因为臣有什么才能？实在是因为皇上的恩泽。我想要报答的恩德，真如那伟大的天一样。陛下得先帝之明鉴，涵养继承天位的圣德，察臣于疏远之地，用您的光辉照耀臣，在南方被降服之后，即奉旨辅佐太子。草木无知，尚且待时而枯荣，况臣是有心之人，实在是想报效陛下而无路。因此臣昼夜彷徨，睡觉吃饭都怀着惭愧警惧之心，常怕一旦死神降临，空负圣上的慈心。

反贼杨谅包藏祸心，由来已久，因此乘国丧之机以图侥幸，便肆意逞凶叛逆，兴兵于晋、代之地，动摇山东地区。陛下从普通臣民中提拔臣，授臣以军事，蒙陛下寄托臣以股肱重任，接受陛下所定平乱规划。萧王赤心待人，人都以死相报；汉皇包容大度，天下都争着归附。扫除妖寇，难道是臣的力量！屈蒙陛下使臣的弟弟带诏书来慰问，陛下崇高的意旨和峻伟的文笔，有如亲临，洪恩大泽，如同大海一般。臣又悲又喜又惭又惧，五情振荡，微贱的身躯即使死一百回，也不能一报陛下之恩。

这月杨素回京师，跟从炀帝到洛阳，炀帝任命杨素为营东京太监。因为杨素平定杨谅之功，炀帝任命他的儿子杨万石、杨仁行，侄子杨玄挺，都做了仪同三司官，并赐杨素丝织物五万段，绮罗千匹，被俘获的杨谅的妓妾二十人。大业元年，升迁杨素为尚书令，赐给东京高级住宅一所，丝织物两千段。不久又命他为太子太师，其他官职如故。前后对杨素的各种赏赐，数也数不清。第二年，又任命杨素为司徒，并改封他为楚公，实食赋税两千五百户。就在这年，杨素死在所任官位上。炀帝赐谥号为『景武』，并赠给他光禄大夫、太尉公，以及弘农、河东、绛郡、临汾、文城、河内、汲郡、长平、上党、西河十郡太守的官称。又赐给名为辒车的卧车一辆，并赐持班剑用作仪仗的武士四十人，前后两顶羽盖、两支乐队，还赐给粮食五千石，丝织物五千段。由鸿胪官监护丧事。炀帝又下诏说：『铭刻功迹的彝器，记载德行的丰碑，都是用来使名字和事迹永垂不朽，为后世树立美好的风范。已故楚景武公杨素，立下了丰功伟绩，为王室辛苦劳累，竭尽忠诚之节，以赞助朕身。他的崇高的道义已超过了汉高祖的三杰，功绩可比周武王的十位治国之臣。未能高寿，就骤然收起了他高雅的谈吐。春秋更迭，当年年祭祀，为传扬和铭记他的事迹，因此记载他的功德，可立碑于墓道，以表彰他的隆盛而美好的功绩。』杨素曾经写过一首长达七百字的五言诗赠送给番州刺史薛道衡，这首诗词气势恢宏峻拔，风韵秀美高雅，也是一时的杰作。不久杨素就死了，薛道衡叹息说：『人将死的时候，说的话总是充满善意。难道不就是说的这吗？』杨素有文集十卷。

杨素虽有拥立炀帝的谋策，以及平定杨谅的功劳，却特别被炀帝所猜忌。炀帝表面上对他施以特殊的礼遇，内心对他却很薄情。太史报告说隋的分野内将有大丧出现，因此把杨素改封到楚。因为楚与隋同分野，炀帝想用这种办法来压制丧气，使丧气由楚来承当。杨素卧病在床的时候，炀帝常令名医前来诊断，并赐给上等的药材。然而又秘密向医生打听杨素的病情，总是怕他不死。杨素也自知名声地位已经高到极点，因此不肯服药，对自己的病也不很在意，常对弟弟杨约说：『我难道还有必要继续活下去吗？』杨素拥有财产，经营产业，东、西二京，住宅奢侈华丽，（对住宅如有不满意的地方），常常早晨毁了，晚上又修建起来，营建和修缮不停。至于各方都市之地，杨素所修建的邸店、水磨和良田美宅成百上千，当时的舆论因此看不起他。杨素的儿子杨玄感继承官爵，另外有传。后来其他各子都因受杨玄感谋反罪的牵连而被杀。